BASTEI LÜBBE JERRY COTTON IM TASCHENBUCH-PROGRAMM:

- 31 494 Sturm über Pearl Harbor
- 31 495 Vendetta in Brooklyn
- 31 496 Insel aus Stahl und Blut
- 31 498 Das Callgirl, der Killer und die Zeugin
- 31 499 Die Gen-Gangster
- 31 500 Lebenslänglich für Phil Decker
- 31 501 Die Irland Connection
- 31 503 Der Hacker der Mafia
- 31 504 Heroin für Jerry Cotton
- 31 511 Internat der Mörder
- 31 513 Blutige Dollars
- 31 514 Die Piraten von Ko Tang
- 31 515 Das Girl aus Spanish Harlem
- 31 516 Bruderschaft der Grausamen
- 31 517 Abrechnung in Chinatown
- 31 518 Eisengesicht
- 31 519 Die Angst in ihren Augen
- 31 520 Die Indianer-Mafia
- 31 521 Blutiger Drache
- 31 522 Der blinde Zeuge
- 31 523 Ich – die Geisel
- 31 524 Das Washington-Komplott
- 31 525 Stirb, G-man
- 31 526 Der Mann aus Istanbul
- 31 527 Der Boss kehrt zurück
- 31 528 Der Callgirl-Killer
- 31 529 Töte Miss America
- 31 530 Todeshochzeit in L.A.
- 31 531 Cotton, der Killer
- 31 532 Todesgruß an Jerry Cotton
- 31 533 Der Fluch des Inka
- 31 534 Mr. Nemesis
- 31 535 Liebesgrüße aus der Hölle
- 31 536 Ich liebte eine Mörderin
- 31 537 Jäger und Gejagte
- 31 538 Zehn Tage der Rache
- 31 539 Der Voodoo-Killer

JERRY COTTON

Geliebte Mafia

Kriminalroman

BASTEI LÜBBE TASCHENBUCH
Band 31 540

1. Auflage: Juni 2006

Vollständige Taschenbuchausgabe

Bastei Lübbe Taschenbücher
ist ein Imprint der
Verlagsgruppe Lübbe

Originalausgabe
All rights reserved
© 2006 by
Verlagsgruppe Lübbe GmbH & Co. KG,
Bergisch Gladbach
Lektorat: Peter Thannisch
Titelillustration: Johnny Cris
Umschlaggestaltung: QuadroGrafik, Bensberg
Satz: Wildpanner, München
Druck und Verarbeitung:
Nørhaven Paperback A/S
Printed in Denmark
ISBN 10: 3-404-31540-5
ISBN 13: 978-3-404-31540-6

Sie finden uns im Internet unter
www.bastei.de
oder
www.luebbe.de

Der Preis dieses Bandes versteht sich einschließlich
der gesetzlichen Mehrwertsteuer

Kapitel 1

Abel Ocasio führte gern Selbstgespräche. Ab zehn Uhr abends war er allein auf dem Gelände der Z-Mart-Filiale in Howard Beach, Queens. In dem windgeschützten Winkel vor den Eingangstüren konnte er dann quatschen, was er wollte, weil kein Schwein in der Nähe war und ihm für seine dämlichen Sprüche in den Hintern trat. Dann lachte auch keiner über ihn, wenn er in seinem Gefrierschrankkarton wie zwei verschiedene Personen sprach.

»Sie als Mann«, sagte Abel, der Reporter, mit hoher Stimme, »wie denken Sie über das Thema Stolz, Mr Ocasio? Was ich meine, ist: Finden Sie es nicht erniedrigend, so leben zu müssen, wie Sie leben?«

»Erniedrigend?«, entgegnete Mr Ocasio, der Kartonbewohner, mit dröhnendem Bass. »Ich bin ein freier Mann. Das ist es, was zählt. Oder kennen Sie irgendjemanden in New York, der mehr Freiheit genießt als ich?«

»Nein, Sir«, quiekte Abel. »Aber warum wohnen Sie in einem Pappkarton, Mr Ocasio?«

»Weil es so schön gemütlich ist. Kommen Sie rein und sehen Sie sich um, Sir. So ein tolles Wohnzimmer hat nicht jeder. Nachher setze ich mich noch ein bisschen auf die Veranda.«

»Sie meinen, auf die Steinplatten hier vor dem Karton?«

»Blödsinn, Mann.« Mr Ocasio lachte und warf ein Stück Pappe vor die Einstiegsöffnung. »Da. Das ist sie. Transportabel. Vielseitig. Können Sie sich eine bessere Veranda vorstellen? Später, in dieser lauen Abendluft, werde ich meinen Rotwein da draußen genießen.«

»Ja, wenn man Sie so reden hört, Mr Ocasio, dann kann man Sie wirklich nur beneiden.«

»Wer, in aller Welt, beneidet so ein versoffenes faules Schwein wie dich?«

Abel Ocasio erschrak, denn der Satz stammte nicht von ihm. Die Stimme war weiblich und hasserfüllt. Sie erinnerte ihn an seine Ex-Frau. Die hatte ihn vor Jahren auf die Straße gesetzt. Er begann zu zittern. Aber es war nicht seine Ex, die da sprach. Die Stimme war jünger, viel jünger.

»Transportable Veranda«, knurrte sie. »So einen Müll kann auch nur ein gottverdammtes Schnaps-Schrumpf-Hirn ausspucken.«

Ein Schatten verdunkelte das Licht vom Parkplatz. Vor der Einstiegsklappe des Kartons erschien ein silbern schimmernder Baseballschläger. Das keulenartige Ende senkte sich auf die Steinplatten, dann folgte die dazugehörige junge Frau. Ihre Schritte waren völlig lautlos gewesen. Dafür knackten ihre Kniegelenke, als sie in die Hocke ging und sich auf den Aluminiumschläger stützte.

Selbst in dieser Stellung war ihr nackter Bauch zu sehen, einschließlich Nabel. Sie war jung und aufregend hübsch. Ein knappes Top, das wie ein abgeschnittenes T-Shirt aussah, spannte sich über ihren prallen Brüsten. Die Stretch-Jeans umschlossen ihre muskulösen Schenkel wie eine zweite Haut.

Ihr Gesicht konnte Ocasio nur von der Augenpartie abwärts erkennen. Dunkelbraun waren diese Augen, und sie hätten sanftmütig blicken können. Ebenmäßig geformt war das Gesicht, und es hätte bezaubernd lächeln können. Doch der harte, fast grausame Zug um die vollen Lippen zerstörte alles.

Ocasios Gefühle waren zwiespältig. Die sexuelle

Ausstrahlung dieser jungen Frau zog ihn an, obwohl er wusste, dass sie unerreichbar für ihn war. Zugleich wuchs seine Angst vor ihr, denn instinktiv spürte er, dass sie schlimmer war als seine Ex-Frau. Gewalttätiger. Gefährlicher. Bösartiger.

»Ich wünsche einen guten Abend«, sagte er und versuchte, höflich und respektvoll zu klingen. »Womit haben wir bloß so ein tolles Wetter verdient?«

»Wir?«, entgegnete sie gehässig. »*Du* bestimmt nicht. Was du verdienst, zeigen wir dir gleich.«

Der Baseballschläger zuckte ein Stück in die Einstiegsöffnung des Kartons. Ocasio konnte gerade noch zurückweichen. Hätte er es nicht getan, hätte ihm die Metallkeule das Nasenbein zertrümmert – obwohl es nur ein scheinbar leichter, hingetupfter Hieb gewesen war.

Geduckt kauernd verharrte er. Jetzt konnte er sehen, dass sie seidiges dunkles Haar hatte. Am liebsten hätte er sich schutzsuchend an sie geschmiegt und sie angefleht, freundlich und mütterlich zu ihm zu sein, wie es ihrem angenehmen Äußeren entsprochen hätte.

Zwei weitere Girls tauchten hinter ihr auf. Mit den gleichen silberfarbenen Baseballschlägern ausgerüstet, gingen sie ebenfalls in die Hocke und lugten über die Schultern ihrer Anführerin.

Die Dunkelhaarige hob ein Handy ans Ohr und sagte: »Wir haben einen gefunden. Einen von diesen Penner-Drecksäcken, die uns die ganze Gegend verschandeln.« Einen Moment hörte sie ihrem Gesprächspartner zu, dann fuhr sie fort: »Okay, wir warten. Den halten wir locker in Schach, bis ihr hier seid.«

Panik befiel den Mann im Karton.

»Ich will hier raus«, rief er und machte Anstalten, durch die Öffnung zu kriechen.

Sofort wurde der Baseballschläger hochgerissen und sauste herab. Es hörte sich an wie ein Schuss, als das Leichtmetall auf den Stein knallte.

Abel Ocasio fuhr zusammen wie unter einem Peitschenhieb. Im nächsten Moment ging es Schlag auf Schlag. Buchstäblich. Die beiden zuletzt eingetroffenen Girls sprangen auf und waren nicht mehr zu sehen. Doch umso deutlicher hörte er sie nun. Mit ihren Schlägern entfachten sie einen mörderischen Trommelwirbel auf dem Gefrierschrankkarton. Innerhalb der Pappwände dröhnte und krachte es ohrenbetäubend wie vom Donner eines Gewitters.

Ocasio schrie, hielt sich die Ohren zu und unternahm einen neuen Fluchtversuch. Diesmal traf der Baseballschläger die Finger seiner rechten Hand, als er sie nach draußen streckte. Sein Schrei steigerte sich zum Schrillen. Abermals zuckte er zurück. Er konnte die Hand nicht mehr bewegen. Die Fingerknöchel mussten zertrümmert sein. Glühender Schmerz stach hinauf bis in den Oberarm.

Er kauerte im Karton wie ein Hund in der Hütte, verkroch sich in die hinterste Ecke, obwohl er wusste, dass er auch dort nicht sicher war. Er wimmerte nur noch. Er presste die verletzte Hand mit dem gesunden Arm an den Körper und krümmte sich darüber zusammen. Draußen wollten sich die Girls ausschütten vor Lachen. Auch die Dunkelhaarige schlug jetzt oben auf den Karton, vorn, oberhalb der Öffnung. Abel Ocasio sah ihre Beine. Sobald er versuchte, ins Freie zu gelangen, würde sie wieder auf ihn eindreschen.

Auf einmal war Motorgeräusch zu hören, trotz des Höllenlärms. Es näherte sich rasch. Der Wagen musste einen bulligen Achtzylinder unter der Haube haben.

Offenbar hatte er irgendwo in der Nähe geparkt, wo man ihn zunächst nicht gehört hatte. Rund um den Supermarkt gab es jede Menge Gebäude, Parkplätze und Verbindungsstraßen. Es war ein Gewerbegebiet, weit abseits vom Cross Bay Boulevard. Zu Fuß wagte sich nach Einbruch der Dunkelheit kein Mensch mehr hierher.

Die Girls johlten – vermutlich, weil der Wagen nun in ihr Blickfeld kam. Doch sie hörten nicht auf, den Karton mit den Baseballschlägern zu bearbeiten. Die Angst des Eingeschlossenen wuchs. Unter seiner zerlumpten Kleidung nahmen auch die Schmerzen zu, breiteten sich nun schon in der Schulter aus. Er machte sich keine Hoffnungen mehr. Bestimmt würden sie ihm als nächstes den Schädel einschlagen.

Plötzlich sah er den Geländewagen zwischen den Beinen der Dunkelhaarigen.

Ocasio erstarrte.

Es war ein furchterregender Anblick.

Das Entsetzen ließ ihn sogar seine Schmerzen vergessen.

Das Monsterauto beschrieb einen letzten kurzen Schlenker und stand dann in der Mitte des Parkplatzes, ungefähr 30 Yard entfernt, mit der mächtigen Schnauze zum Eingang des Supermarkts – und Abel Ocasios Wohnkarton. Die Scheinwerfer erloschen.

Er hatte mal im Lager eines Chevrolet-Händlers gearbeitet. Deshalb wusste er, was auf ihn zukam. Dieses Monstrum würde ihn platt walzen. Oder zerquetschen. Mühelos. Mitsamt Karton.

Es war ein Chevrolet Avalanche, diese gewaltige Mischung aus Geländewagen und Pickup. Auf breiten Offroad-Reifen ruhte eine bullige schwarz glänzende Karosserie. Die Teile aus Chrom und Edelstahl funkelten im Licht der Parkplatzlaternen. Besonders die armdicken

Stoßfänger machten Angst. Wie ein silbernes Raubtiergebiss ragten sie vor dem Kühler auf. Damit machte der Avalanche so ziemlich alles platt, was ihm im zivilen Straßenverkehr in die Quere kam. Zumal auch die Schubkraft entsprechend war: Aus 8,1 Litern Hubraum produzierte die Achtzylindermaschine 320 PS.

Das Hämmern der Baseballschläger ließ nach. Abel Ocasio erkannte den Grund. Die Aufmerksamkeit der Girls wurde abgelenkt.

Zwei ihrer Freunde sprangen aus dem Geländewagen. Beide trugen schwarze T-Shirts, schwarze Jeans und Army-Stiefel. Sie reckten die Fäuste, brüllten unverständliche Kampfrufe und machten Luftsprünge, weil sie ein Ventil für ihre Kraft zu brauchen schienen. Dann hantierten sie vorn, unterhalb des Stoßfängers.

Abel Ocasio begriff nicht sofort, was sie vorhatten. Im nächsten Moment jedoch, als sie auf ihn zurannten, war es bereits zu spät. Der Trommelwirbel der Baseballschläger nahm erneut zu, die Girls jubelten wie Cheerleader beim Football. Mehrmals knallte der Baseballschläger der Anführerin vor dem Karton auf die Steinplatten. Die beiden Schwarzgekleideten stürmten herbei. Ocasio erstarrte, als er sah, was sie taten.

Einer übernahm den Baseballschläger der Dunkelhaarigen, steckte ihn in die Öffnung des Kartons und drehte ihn in die Waagerechte. Kaum saßen die Enden des Schlägers hinter der Pappe beiderseits des Ein- und Ausstiegs fest, ließ der zweite Kerl einen Stahlhaken über den dünneren Teil des Schlägers schnappen. Erst jetzt sah Ocasio das Drahtseil, an dem der Haken befestigt war. Es straffte sich, als die beiden Männer zur Seite sprangen. Die Seilwinde unter dem Stoßfänger des Avalanche begann, sich aufzuspulen.

Ein Ruck ging durch den Karton. Abel Ocasio wollte sich nach vorn werfen, wollte den Schläger mit dem Haken entfernen. Doch die Kraft der Seilwinde schleuderte ihn zurück, warf ihn gegen die hintere Wand des Kartons. Die Baseballschläger hatten ihren Höllenlärm eingestellt. Dafür schlitterte der Karton mit einem unglaublichen Tempo über das Betonpflaster des Parkplatzes.

Ocasio verfluchte das Glück, das er bei der Suche nach einem Karton gehabt hatte. Dieses Ding, in dem er jetzt über den Beton schrammte, war so verflucht stabil, dass nicht mal die offene Vorderwand unter der Zugkraft einriss. Mit schreckgeweiteten Augen sah er den Stoßfänger des Geländewagens auf sich zurasen, als wollte ihn dieses Raubtiergebiss verschlingen.

Doch plötzlich, noch drei oder vier Yard von dem Avalanche, stoppte die Winde, und der Karton kam zum Stehen. Schnelle Schritte waren zu hören. Der Achtzylinder brummte im Leerlauf. Ocasio kippte nach vorn, von der Rückwand weg. Er fiel auf die verletzte Hand, doch diesmal unterdrückte er seinen Schrei. Er kroch los, indem er sich auf die gesunde Hand stützte. Er musste den furchterregenden Stoßfänger ignorieren, ebenso den ganzen Geländewagen, dann hatte er vielleicht eine Chance.

Doch die Schritte waren zur Stelle. Er hörte die Girls kichern, irgendwo neben seinem Karton. Ihre Freunde liefen weiter. Sie redeten mit dem Fahrer. Raues Gelächter folgte.

»Zeig' deine Nase«, rief die Dunkelhaarige von vorhin. »Dann kriegst du eine kostenlose Schönheitsoperation. Schön flach wird er dann, dein Riechkolben, garantiert. Hör mal den Klang unserer Skalpelle.«

Zur Bestätigung krachten die Baseballschläger ihrer beiden Gefährtinnen erneut auf den Karton. Ocasio duckte sich, schloss verzweifelt die Augen. Wegen der Donnerschläge hörte er die Schritte der zurückkehrenden Kerle nicht. Doch im nächsten Moment, als die Schläge endeten, vernahm er neue Geräusche.

Ein lautes Gluckern, begleitet von einem Plätschern.

Ocasios Nackenhaare sträubten sich. Ihm wurde schwindlig. Er wusste, seine Nerven würden nicht mehr lange mitspielen. Es war zu viel. Aussichtslosigkeit und tödliche Bedrohung stürzten auf ihn ein wie eine Tonnenlast. Seine Sinne begannen zu schwinden. Alle Kraft verließ ihn. Er war bereit, sich seinem Schicksal zu ergeben.

Benzingeruch breitete sich aus.

Ein Fauchen folgte, wie von einem Urwelt-Raubtier.

Jäh begriff er, dass es auflodernde Flammen waren. Erst jetzt wurde ihm bewusst, dass das Gluckern aus einem Kanister gekommen war und dass das ausfließende Benzin auf seinem Karton das Plätschern verursacht hatte.

Schlagartig war er wieder hellwach. Todesangst pumpte neue Energie in seine Glieder. Er stieß sich mit den Füßen ab. Zappelnd wie ein Tier in Panik robbte er nach vorn. Lieber wollte er sich erschlagen lassen, als bei lebendigem Leib zu verbrennen. Die ersten Flammen fraßen sich durch den Karton. Wärme breitete sich aus, wuchs sekundenschnell zu glühender Hitze. Ebenso schnell schwand der Sauerstoffgehalt der Luft

Abel Ocasio erreichte die rettende Öffnung. Das Atmen fiel ihm bereits schwer. Röchelnd schob er sich ins Freie und pumpte die frische Luft tief in seine Lunge. Es erschien ihm wie ein Wunder, dass er nicht sofort niedergeknüppelt wurde. Er kroch weiter, auf den Geländewagen zu. Auf dem schwarzen Lack, hinter dem Edelstahlgestänge, erzeugte das Feuer düster züngelnde Reflexe. Einer der Schwarzgekleideten löste den Haken der Seilwinde, und der Avalanche setzte zurück.

Der Obdachlose wurde gepackt. Unter den harten Fäusten riss der Stoff seiner zerschlissenen Jacke ein, als sie ihn auf die Beine zogen und vom Flammenherd wegschleiften. Die Hitze ließ nach, und sie stellten ihn senkrecht.

Der junge Mann, der vor ihm stand, sah aus wie ein großes, dickes Kind. Jeder in Howard Beach kannte ihn.

Big Nick.

Der dicke Nick. So wurde er genannt. Sein richtiger Name lautete Nicholas Coppelli. Auch er trug schwarze Hosen und schwarze Stiefel. Nur das T-Shirt, das sich über seinem Bauch wölbte, war weiß. Vermutlich wollte er damit seine Anführerrolle unterstreichen. Es hieß, dass er Narrenfreiheit genoss, weil er mit allen bekannten Mafiagrößen verwandt war. Big Nick gehörte der Enkelgeneration an, und er führte sich auf, als würde ihm Howard Beach schon jetzt gehören.

Die Flammen loderten mittlerweile schon mehr als zehn Fuß hoch. Das Feuer erfüllte die Luft mit einem regelrechten Brausen. Abel Ocasio erschauerte.

»Sieh es dir in Ruhe an«, sagte Big Nick und trat einen Schritt zur Seite. »Diesmal lassen wir dich am Leben. Aber wenn wir dich noch ein einziges Mal im Viertel sehen, bist du reif. Verstanden? Dann stecken wir dich in einen neuen Karton, machen ihn mit Blechbändern dicht und grillen dich wie ein Ferkel.«

Die anderen lachten schadenfroh.

»Warum haben wir es nicht gleich so gemacht?«, rief die Dunkelhaarige. »Diese Drecksäcke sind doch die reinste Pest. Die kommen immer wieder, wenn man sie nicht ausrottet.«

»Jeder verdient eine Chance«, sagte Big Nick großspurig. »Aber wenn er sie verspielt, gibt's keine Gnade mehr.«

Die Girls und ihre Freunde murmelten widerstrebend Zustimmung. Sie verfielen in Schweigen, während sie das Feuer beobachteten. Abel Ocasio sah nicht nur den Karton verbrennen. Auch sein letztes bisschen Hab und Gut fiel den Flammen zum Opfer. Die Klamotten und die Schuhe für den Winter. Der Brotbeutel mit einem kleinen Lebensmittelvorrat für zwei Tage. Der Billig-Rotwein im Karton. Die alten Zeitungen, die ihm als Matratze dienten. Die beiden warmen Decken, die er – ebenso wie die Kleidung – im Spendenlager der Heilsarmee erhalten hatte. Alles war verloren. Er besaß nur noch die Lumpen, die er auf dem Leib trug.

Und das kleine Fotoalbum war ihm geblieben. Es steckte in der Innentasche seiner Jacke und enthielt ein paar verblichene Schnappschüsse von seinen Kindern. Er hatte einen Sohn und eine Tochter. Beide hatte er vor 30 Jahren zuletzt gesehen. Er wusste nicht, wo sie lebten, und wahrscheinlich würde er sie nicht einmal erkennen, wenn er ihnen heute begegnen werden. Einen Führerschein besaß Abel Ocasio schon lange nicht mehr, dafür aber eine alte Sozialversicherungskarte aus der Zeit, als er zuletzt gearbeitet hatte.

Er starrte in die zusammensinkenden Flammen, und es war, als würde der letzte Rest seiner Selbstachtung verbrennen. Ein Häufchen Asche blieb von dem erbärmlichen Besitztum, das er wenigstens sein Eigen hatte nennen können. Er fühlte sich ausgelöscht, eigentlich schon nicht mehr richtig am Leben.

Ohne jede Ankündigung traf ihn ein Hieb ins verlängerte Rückgrat. Schmerz und Schreck ließen ihn aufschreien. Der zweite Baseballschläger knallte ihm in beide Kniekehlen. Sein Schrei erstickte, als er einknickte. Sie traktierten ihn mit Fußtritten und weiteren Hieben der Baseballschläger, bis er vornüberkippte. Seine Stirn schlug auf das Betonpflaster, greller Schmerz explodierte in seinem Kopf, und ihm wurde schwarz vor Augen.

Er sank auf die Seite. Bewusstlosigkeit erlöste ihn von seelischem und körperlichem Schmerz. Als er wieder zu sich kam, war er allein auf der Weite des Parkplatzes. Glutreste in dem Haufen schwarzer Asche zeigten an, dass höchstens ein paar Minuten vergangen sein konnten.

Mühevoll rappelte er sich auf. Er schwankte. Wie es aussah, gab es keinen Teil seines Körpers mehr, der nicht wehtat. Er brauchte einen Platz, an dem er seine Wunden lecken konnte, einen Ort zum Verkriechen. Es war nicht das erste Mal, dass er vor dem Nichts stand. Doch dieses Mal würde ihm die Kraft für einen neuen Anfang fehlen. Seine Peiniger hatten die letzten Reste von Willenskraft aus ihm herausgeprügelt.

Er sehnte sich nach dem Tod.

Warum, in aller Welt, hatten sie ihn nicht totgeschlagen? Warum hatten sie ihm den gottverdammten Gefallen nicht getan? Er wusste, das Schicksal würde ihn wieder einmal verhöhnen, indem es ihn weiterleben ließ.

»Das ist es!«, rief Phil. An seinem Arbeitsplatz in unserem gemeinsamen Büro schien er auf einmal eine wichtige Erkenntnis gewonnen zu haben, denn er zeigte auf seinen Schreibtisch. Dazu hob er den rechten Arm, richtete den Zeigefinger nach unten und machte eine kreisende Bewegung rund um den Computer.

Ich ahnte, was er meinte. Immerhin kannte ich seine Angewohnheit, tiefschürfende Überlegungen anzustellen und mir dann nur die Schlussfolgerung mitzuteilen

»Das Ergebnis deiner Ordnungsliebe?«, fragte ich nach. »Schöne, säuberliche Papierstapel?«

Mein Partner sah mich an. »Das ist es eben nicht. Verstehst du?«

»Nein«, gestand ich.

»Aber was ist denn daran so schwierig?«

»Dass ich keine Gedanken lesen kann.«

»Brauchst du auch nicht. Es ist doch ganz einfach: Die Computer sollen uns die Arbeit erleichtern. Okay, das tun sie – auf ihre eingeschränkte Weise. Sie sollten aber noch mehr können; das haben die Softwareleute jedenfalls vollmundig versprochen.«

»Ah, ich erinnere mich«, entgegnete ich und grinste. »Kaffee kochen und Bargeld ausdrucken. Aber daraus ist bis heute nichts geworden.«

»Mann!«, stöhnte Phil und wies erneut auf seine Stapel. »Das papierlose Büro haben sie uns versprochen. Nicht ein Schnipsel sollte mehr auf unseren Schreibtischen herumliegen. Das hätte ich gut gefunden. Aber was ist?«

Mein Telefon klingelte und bewahrte mich vor komplizierten Erklärungsversuchen, warum wir Menschen trotz gespeicherter Dateien und E-Mail-Kommunikation immer noch nicht ganz auf das altmodische Papier verzichten konnten.

»Hier spricht Mr Jones«, sagte der Anrufer, nachdem ich mich gemeldet hatte.

»Von wo rufen Sie an?«, fragte ich.

»Von zu Hause. Über die sichere Leitung, die Ihre Techniker für mich geschaltet haben.«

»In Ordnung«, antwortete ich, gab Phil ein Zeichen, schaltete den Mithörlautsprecher ein und sagte es dem Mann am anderen Ende der Leitung.

Er war ein Verbindungsmann. Mr Jones war sein Deckname. Er arbeitete im südlichen Queens für uns. Wir zählten ihn zu unseren besten V-Männern, denn die Gegend dort unten galt als Heimat der Mafia, des organisierten Verbrechens. »Mob« nannten wir New Yorker es kurz und knapp.

»Es gibt einen neuen Konkurrenzkampf«, erklärte Mr Jones.

»Das hatten Sie bei unserem letzten Treffen angedeutet«, entgegnete ich. »Haben Sie jetzt Einzelheiten?«

»Noch keine Namen. Aber wie es aussieht, ist es ein Führungsproblem. Joel Boscolo hat seinen Laden nicht im Griff, heißt es. Das Ergebnis ist, dass seine Leute machen, was sie wollen. Die jüngeren gegen die älteren – und umgekehrt.«

»Also Auseinandersetzungen innerhalb der Familie?«

»Kann man sagen. Wissen Sie, die merken doch, dass die Karten neu gemischt werden, weil der Junior es nicht bringt. Deshalb versuchen die jungen Kerle, sich einen Namen zu machen. Und das tun sie ohne Rücksicht auf Verluste. Die alte Garde dagegen hält an den Familientraditionen fest. Jeder versucht, sich ins beste Licht zu rücken. Beide Seiten warten jetzt darauf, dass Joel ein Machtwort spricht – die Jungen, weil sie ihn dazu regelrecht herausfordern, und die Alten, weil sie einen Boss brauchen. Das steckt ihnen so im Blut.«

Wir kannten die Situation. Es war überall das Gleiche, in den verschiedenen Gebieten von Queens genauso wie in den übrigen Stadtbezirken New Yorks. Eigentlich lag die Mafia in den letzten Zuckungen, seit wir vom FBI gemeinsam mit den Kollegen vom New York Police Department einen großen Boss nach dem anderen vor Gericht gebracht hatten. Aber der am Boden liegende Moloch gab nicht auf. Zwar saßen ebenjene Bosse alle hinter Gittern. Einige waren sogar schon im Gefängnis gestorben. Doch die Überlebenden versuchten, ihre illegalen Geschäfte aus der Zelle heraus weiterzuführen. Dazu mussten sie ihre Söhne einspannen. Von ihnen erwarteten die Mitglieder der Gangs, dass sie den Familienorganisationen zu neuer Blüte verhalfen.

Joel Boscolo war einer dieser hoffnungsvollen Sprösslinge. Der Junior, wie seine Leute ihn nannten, füllte die Lücke, die sein Onkel und sein Vater hinterlassen hatten, allerdings mehr schlecht als recht. Joels Vater, Paul Boscolo, saß im Hochsicherheitstrakt von Sing-Sing. Er war der letzte Boss der älteren Generation gewesen. Das Format seines berühmt-berüchtigteren Bruders Joseph hatteallerdings auch Paul nie gehabt. Joseph Boscolo hatte ebenfalls in Sing-Sing gesessen, zu dreimal lebenslänglich verurteilt. Dort war er vor zwei Jahren an einem Herzinfarkt gestorben – kurz nachdem wir gegen Paul genügend Beweise gesammelt hatten, um ihm einen Haftbefehl unter die Nase zu halten und ihn dem Federal Attorney übergeben zu können.

»Die Veteranen des Mobs wünschen sich Don Joseph zurück«, äußerte ich meine Vermutung.

»So ist es«, bestätigte der V-Mann. »Die Jünglinge lassen ihre Muskeln spielen, und ob Sie es glauben oder nicht, das Wetter scheint ihren Adrenalinspiegel noch zusätzlich in die Höhe zu treiben. Abends und nachts ist hier zur Zeit der Teufel los, als hätten wir wieder Hochsommer. Gestern Abend, zum Beispiel, haben sie einen Obdachlosen halb totgeschlagen. Ohne Grund, einfach so. Zum Glück haben Streifencops den armen Kerl aufgelesen und ihn ins Hospital gebracht. Da hat er erst mal für ein paar Tage ein Dach über dem Kopf.«

»Kein FBI-Fall«, erwiderte ich. »Aber für das Gesamtbild behalten wir es im Hinterkopf.«

»Dieser Indian Summer bricht einen Temperaturrekord nach dem anderen«, sagte Phil, der Wetterexperte, laut genug, dass Mr Jones es hören konnte. »Gestern hatten wir Spitzenwerte wie im Juli, und heute sollen wir noch mal wieder eine Tropennacht kriegen. Wenn das so weitergeht, wachsen am Strand von Coney Island bald Palmen.«

»Oder die Leute drehen alle durch«, entgegnete der V-Mann. »Hier in Howard Beach kommt's einem langsam so vor.«

»Danke für die Informationen«, sagte ich.

»Moment! Das war nur der allgemeine Lagebericht.«

»Und die besondere Lage«, erwiderte ich, »wie sieht die aus?«

»Ich werde für eine Weile verschwinden müssen.«

»Warum?«

»Sie sitzen mir im Nacken.«

»Die Jünglinge oder die Veteranen?«

»Kann ich noch nicht sagen. Ich denke mal, dass ich morgen oder übermorgen Genaueres weiß.«

»Geht das nicht etwas konkreter?« Ich warf Phil einen Blick zu. Wir runzelten beide die Stirn. Ich fuhr fort: »Sie müssen doch einen Grund haben.«

»Den kann ich Ihnen nicht sagen.«

»Wie sollen wir Ihnen dann helfen?«

»Hilfe habe ich nicht verlangt. Ich will mich nur vorübergehend abmelden.«

»Hören Sie«, sagte ich eindringlich. »Wenn Sie Schwierigkeiten haben, *sollten* Sie sich helfen lassen. Überschätzen Sie um Himmels Willen nicht Ihre Möglichkeiten. Sie wären nicht der erste, der daran zugrunde geht.«

Mr Jones atmete hörbar durch die Nase aus. »Überschätzen *Sie* nicht meine Bedeutung, Mr Cotton. Die werden mich nicht mal suchen, wenn ich den Abgang gemacht habe. Der Aufwand wäre viel zu groß – rein kaufmännisch gesehen.«

»Okay«, sagte ich, weil ich einsah, dass ich ihn nicht überzeugen konnte. »Wenn Sie es sich anders überlegen, rufen Sie mich an. Jederzeit. Sie haben meine Handynummer.«

»Danke, Mr Cotton. Ich melde mich so oder so. Spätestens, wenn ich wieder zur Verfügung stehe.«

Ich legte auf.

»Was hältst du davon?«, fragte Phil.

»Er spielt die Sache runter«, antwortete ich.

»Weshalb hat er dann überhaupt angerufen?«

Ich hob die Schultern an. »Wahrscheinlich will er sich eine Hintertür offen halten. Damit wir auf dem Sprung sind, wenn er doch noch Hilfe braucht.

Er musste einem Mann drohen. Ihm Schmerzen zufügen. Vielleicht mehr. Ronan Dragg verspürte einen Rest von Unbehagen bei dem Gedanken an das, was vor ihm lag. Aber er hatte Routine, und ein Auftrag war ein Auftrag. Er konnte es nicht ändern.

Dabei war es ein stimmungsvoller Abend, der einen durchaus alle Pflichten vergessen machen konnte. Der Cross Bay Boulevard in Howard Beach, Queens, hatte etwas Südländisches in dieser späten Stunde, wirkte wie eine Avenida in Montevideo oder Caracas. Das Leben schien leicht angesichts der Mischung aus pulsierendem Straßenverkehr, warmer Nachtluft und heiteren Menschen. Und das Fernweh wohnte gleich nebenan, in der Lichtglocke des John F. Kennedy International Airport. Die mit Menschen gefüllten Leiber der großen Jets schimmerten, wenn sie fauchend aufstiegen oder mit singenden Turbinen zur Landung einschwebten.

In eine Wolke von Oregano-Duft gehüllt, trat Ronan Dragg vor die offene Tür seiner Pizzeria. Es war mild wie im Juli, obwohl die zweite Septemberhälfte schon begonnen hatte. Nun, der Indian Summer beglückte die Menschen in diesem Jahr mit überdurchschnittlich hohen Temperaturen. Draggs Laden brummte entsprechend.

Es ging auf halb elf zu, und noch immer saßen Gäste an den acht Außentischen. Die standen in einem genau abgemessenen Bereich von der Bordsteinkante bis zur Mitte des Bürgersteigs. Vorschriftsmäßig. Dragg ließ einen Schwarm von Passanten vorbei, dann ging er hinüber in seine »ordnungsbehördlich genehmigte Betriebsfläche im öffentlichen Straßenraum«. Er machte einen kurzen Rundgang, denn er brauchte dieses Zeremoniell als Einstimmung auf seinen Zweitjob. Er konnte nicht einfach losmarschieren und draufhauen. Er musste noch einmal richtig eintauchen in diesen Teil seines Lebens. Nur dann konnte er sich vorübergehend daraus verabschieden. Vorübergehend, nicht für immer. Das würde nur dann passieren, wenn etwas schiefging. Diese letzte aller Möglichkeiten schob er an den äußersten Rand seiner Gedankenwelt. Nichts brauchte er mehr als die Vertrautheit mit den Menschen in seiner Umgebung.

Deshalb tauschte er Begrüßungsworte, klopfte auf Schultern, schüttelte Hände und küsste den Ladys galant die Hand. Er kannte praktisch alle Einwohner des Viertels, und weil er sich sogar die Namen der Kinder merken konnte, verblüffte er oftmals stolze Eltern, die dann umso freigiebiger Mini-Pizzas für ihre Kleinen bestellten. Häufig kamen Gäste auch aus den benachbarten Stadtteilen. Der Cross Bay Boulevard war berühmt für seine vielen italienischen Restaurants, und »Paddy's Pizzeria« galt als Ausnahmeerscheinung im positiven Sinne.

Eine irische Pizzeria, mit einem Iren als Inhaber – das allein war schon exotisch. Doch hinzu kam, die »irische« Pizza war besser als all die italienischen; das sagte jeder, der sie einmal probiert hatte. Und Mundpropaganda war die denkbar beste Werbung. Einen Inhaber namens Paddy gab es im Übrigen gar nicht. Es hatte ihn nie gegeben. Ronan Dragg war zwar irischer Abstammung, aber hier in Howard Beach geboren. Doch der gute alte Joseph Boscolo – von seinen engsten Vertrauten Uncle Joe und von allen anderen Don Joseph genannt – hatte eine klare Entscheidung getroffen, der niemand zu widersprechen gewagt hatte. ›Alle Iren heißen Paddy, also heißt dieser Laden jetzt Paddy's Pizzeria.‹ Das war damals gewesen, vor fast 25 Jahren, als Uncle Joe das kleine aber feine Restaurant eingerichtet und an Draggs Eltern überschrieben hatte. Jeder im Viertel respektierte die Entscheidung des mächtigsten italienischen Familienoberhaupts über seinen Tod hinaus. Was Uncle Joe – Don Joseph – einmal angeordnet hatte, war noch heute Gesetz. Seine Erben hielten es aufrecht. Niemand aber trauerte mehr um ihn als Ronan Dragg.

Er sah sich noch einmal um, als er seine Tischrunde beendete. Zur Linken, unter der Leuchtreklame von »Danny's Deli«, stand Moon Chung-hee und schnappte Luft. Der koreanische Inhaber des Lebensmittelladens wirkte wie immer klinisch rein, mit seiner weißen Schürze und dem korrekt gescheitelten schwarzen Haar. Auch bei ihm liefen die Geschäfte wie geschmiert. Weil die ganze Familie mitarbeitete. Unglaublich fleißig, diese Leute. Einer wie der andere. Chung-hee winkte, und Dragg winkte zurück. Beim Nachbarn auf der anderen Seite, vor dem Friseurladen, hatte sich eine Gruppe junger Männer versammelt. Michael Antonescu, der Sohn des rumänischen Friseurs, winkte ebenfalls, als er den irischen Pizzabäcker erblickte. Dragg erwiderte auch diesen Gruß, bevor er zurück in den Laden ging. Gute Nachbarschaft pflegte man in Howard Beach genauso intensiv wie Familienbeziehungen. Und von ähnlicher Tragweite war für einen Geschäftsmann das Verhältnis zum Personal, das Betriebsklima.

Nancy, auf ihrem etwas erhöhten Sitzplatz hinter der Kasse, hatte den totalen Überblick. Ihr entging nichts. Selbst wenn sie kassierte, kriegte sie alles mit, was die vier Serviererinnen und die beiden Girls hinter dem Tresen taten. Nancys Argusaugen erfassten natürlich auch sämtliche Gäste an den Tischen und die offene Backstube, die hinter dem Tresen begann. Drei irische Pizzabäcker ließen dort die Teigscheiben wirbeln, dass so mancher Zuschauer sich fragte, ob es nichts Italienisches mehr gab, das dem Rest der Welt heilig war.

Vor der Kasse blieb Dragg stehen. »Muss noch mal ins Büro«, sagte er halblaut. Er drehte sich um, wandte sich den Tischen zu und schob den Ellenbogen auf die Holzplatte neben dem Zahlteller. Lächelnd hob er die Hand und erwiderte die Grüße der Anwesenden, die neu hinzugekommen waren. Fast alle waren Stammgäste.

»Wie lange?«, fragte Nancy, während sie die Tastatur bediente und sich ab und an mit einem Kontrollblick auf den Bildschirm vom Ergebnis ihres Finger-Blindflugs überzeugte.

»Höchstens eine Stunde«, antwortete Dragg. »Eher weniger.«

»Und du willst nicht gestört werden. Unter keinen Umständen.«

»Kluges Mädchen«, lobte er sie. »Was würde ich ohne dich bloß machen?«

»Pleite«, erwiderte sie ungerührt. Sie legte eine Tipp-Pause ein, sah ihren Chef an und wartete auf seinen Protest.

Doch der kam nicht. Stattdessen ein gedankenschweres Nicken. Dragg wusste sehr genau, was er an Nancy Giannelli hatte. Sie war seine rechte Hand, und sie ersetzte ihm die Familie, die er nicht hatte. Ohne Nancy hätte er den Laden wirklich dichtmachen können. Sie arbeitete für drei, das war nicht übertrieben. Wenn sie nicht gerade kassierte, bediente sie den Computer. Die Rechnerkiste war mit den aktuellen Programmen ausgestattet. Damit erledigte Nancy neben der Buchführung auch alle Arbeiten, für die andere Geschäftsinhaber einen Steuerberater brauchten. Und so ganz nebenbei überwachte sie letzten Endes noch den gesamten Betriebsablauf.

»Bis später«, sagte er ungewollt schroff, um sich von Nancys Blick loszureißen. Sie war eine Schönheit, und sie war seine heimliche Liebe. Immer wieder hatte er sich vorgenommen, es ihr zu sagen. Aber ausgerechnet dafür hatte sein Mut noch nicht gereicht. Er, der eisenharte Kerl, war zu weich, um der Frau, die er anbetete, seine Gefühle zu offenbaren. Damit konnte er jedoch nicht ewig warten. Wenn er nicht bald zur Sache kam, würde ein anderer sie ihm wegschnappen. Bestimmt hatte Nancy Verehrer ohne Ende.

Andererseits war sie schon 26, drei Jahre jünger als er. In dem Alter waren die meisten hübschen Girls in Howard Beach längst unter der Haube. Deshalb hatte er schon ein paarmal den verwegenen Gedanken gehabt, dass sie vielleicht auf ihn wartete. Aber wenn es ihr Ziel war, eines Tages nicht mehr als Kassiererin an der Kasse zu sitzen, sondern als Ehefrau des Inhabers, warum sagte sie es ihm dann nicht? An seinem Aussehen konnte es nicht liegen. Er war mittelgroß und kräftig gebaut. Übergewicht schleppte er nicht mit sich herum, kein einziges Gramm. Und mit dem leicht naturgewellten schwarzen Haar und dem Schnauzbart konnte man ihn durchaus auch für einen Italiener halten.

Er ging ins Büro, das hinter der Backstube lag. Dort zog er seine schwarze Lederjacke über und klemmte die Beretta im Inside-Holster unter den Hosenbund. Natürlich würde er hier innerhalb der nächsten Stunde nicht zu finden sein. Nancy wusste es, und sie würde alle Besucher oder Anrufer abwimmeln. Er zog den Vorhang des Fensters zum Hof zu und ließ die Deckenleuchte eingeschaltet. Nachdem er die Bürotür abgeschlossen hatte, verließ er das Haus durch die Hintertür. Auf dem Hof parkten die Autos seiner Mitarbeiter. Sein Lexus stand in der Garage. Er brauchte ihn selten. Das Bürofenster zeichnete sich mit Lichtspalten in der Dunkelheit ab. Nach vorn gab es eine gemeinsame Einfahrt mit Danny's Deli. Der Hofbereich der Koreaner war durch einen Drahtzaun abgeteilt. Dragg benutzte den Durchgang zur 92nd Street, die parallel zum Cross Bay Boulevard verlief.

Der Mann, den er aufzusuchen hatte, hieß Craig Edwards und wohnte zwei Blocks weiter, an der 90th Street. Die Straßen jenseits des Cross Bay waren weniger belebt. Dragg erwiderte die Grüße der Leute, die ihn kannten, doch er ließ sich nicht aufhalten. Das Tempo seiner Schritte zeigte an, dass er für einen Plausch keine Zeit hatte. Es war zugleich eine Art Signal für die Leute. Sie wussten schon jetzt, dass sie sich später unter keinen Umständen daran erinnern würden, ihm begegnet zu sein. Einerlei, wer die Fragen stellte, niemand würde eine falsche Antwort geben. ›Ronan Dragg in der 90th Street, an dem Abend? No, Sir, ausgeschlossen. Nicht gesehen, Sir.‹

Die Nachbarschaft hielt zusammen. Howard Beach – das war eine verschworene Gemeinschaft unter den Fittichen der Familie Boscolo, ihrer Verwandtschaft und ihrem weit verzweigten Netz von Mitarbeitern. Dragg gehörte dazu. Wenn er nicht in seinem Laden arbeitete, war er für die Familie unterwegs. Das wusste jeder, und jeder schwieg darüber. Niemand wollte wissen, was er zu erledigen hatte.

Es war ein Auftrag. Eine Pflicht, die er zu erfüllen hatte, wie so oft. Bislang hatte er solche Jobs jedesmal zur Zufriedenheit erledigt. Und auch diesmal wollte er es genau so machen, wie seine Auftraggeber es von ihm erwarteten, denn damit kam er seinem Traumziel immer näher. Bald würde er endlich für die gute Arbeit belohnt werden, die er nun schon seit Jahren leistete. Jenes Ziel seiner Träume war die Vollmitgliedschaft in der Mafia, der Rang eines »Made Man«. Ein gemachter Mann wurde man in der Tat, wenn man es schaffte, ein vollwertiges Mitglied der Familie zu werden. Ronan Dragg stand kurz davor; er fühlte es, wie man den herannahenden Frühling fühlt. Die Jahre der Bewährung lagen bald hinter ihm. Es waren die Jahre gewesen, in denen er sich als »Associate Member« – als außerordentliches oder assoziiertes Mitglied – bewährt hatte.

Ein Mann muss tun, was er tun muss.

Wenn man diesen guten, alten Grundsatz zu seinem obersten Gebot machte, war das praktisch schon die halbe Miete. Etwas anderes, mindestens genauso Entscheidendes kam hinzu. Man brauchte ein starkes seelisches Band, und Ronan Dragg konnte mit Fug und Recht behaupten, dass er es hatte. Die Mafia war seine große Liebe. Natürlich handelte es sich um eine andere Art von Liebe als jene, die er für Nancy Giannelli empfand. Aber aufrichtig waren seine Gefühle in jedem Fall. Wie es sich in diesem Punkt bei Craig Edwards verhielt, wusste er nicht. Craig war zu einem Unsicherheitsfaktor geworden. Die Familie wusste nicht mehr, ob sie sich hundertprozentig auf ihn verlassen konnte. Draggs Auftrag lautete, für Gewissheit zu sorgen. Vor einer Stunde hatte er einen Anruf erhalten. Craig Edwards war zu Hause. Weil er allein lebte, war ein Besuch bei ihm problemlos. Er wohnte in einem hässlichen Gebäudeklotz aus den Sechzigerjahren des 20. Jahrhunderts. Hinter den Fenstern im dritten Stock, links, brannte Licht. Die Information schien zu stimmen.

Kapitel 2

Dragg drückte den Klingelknopf. Nach einer Weile krächzte und schepperte es hinter der verkratzten Blechblende des Lautsprechers. Mit etwas Phantasie konnte man ein »Ja?« heraushören.

Dragg beugte sich zur Sprechmuschel. »Hi, Craig. Ich bin's, Ronny.«

»Was willst du?«

»Wir müssen reden.«

»Worüber?«

»Das sage ich dir, wenn ich oben bin.«

»Sag mal, spinnst du, Ronny? Weißt du, wie spät es ist? Viertel vor elf!« Edwards sprach lauter, deshalb war er besser zu verstehen. Er regte sich auf, schien also zu wissen, was für ihn auf dem Spiel stand.

»Klar weiß ich das«, antwortete Dragg. »Erzähl mir bloß nicht, du wärst ein Frühaufsteher. Also mach schon auf. Du weißt, wer mich schickt.«

Aus der Wohnung ertönte etwas, das sich wie ein tiefer Seufzer anhörte. Dann summte der Türöffner. Dragg trat ein und lächelte zufrieden. Der erste Teil des Jobs war schon mal gelaufen. Er musste nicht gewaltsam zu Craig Edwards vordringen. Das machte viel aus. Man konnte entspannter reden. Und die Familie wollte nicht unbedingt auf Craigs Dienste verzichten. Das wollte man nur für den Fall in Erwägung ziehen, dass er sich als unbelehrbar erwies.

Dragg verzichtete auf den Fahrstuhl. Er lief die drei Treppen bis zum dritten Stock hinauf. Sein Atem hatte sich nur wenig beschleunigt, als er oben ankam. Craigs Wohnung befand sich rechts vom Treppenhaus, ein Stück den schwach beleuchteten Korridor hinunter. Schon von weitem sah Dragg, dass die Wohnungstür offen stand, obwohl drinnen kein Licht brannte. Eine Straßenlampe in der Nähe der vorderen Fenster sandte genügend Helligkeit herüber, um eine flächige Reflexion auf dem grünen Türlack zu erzeugen.

Dragg ging weiter auf die Wohnung zu, ohne sich etwas anmerken zu lassen. Was Craig Edwards auch bezweckte, es war lächerlich und absolut überflüssig.

»Hier bin ich«, ertönte seine Stimme, als der Besucher noch drei Schritte von der offenen Wohnungstür entfernt war.

»Na, dann komm«, entgegnete Dragg. Unbeirrt ging er weiter, betrat Edwards' Bleibe und knipste das Korridorlicht an. Aus den Augenwinkeln heraus sah er den rundlichen kleinen Mann, wie er sich aus der dunklen Nische neben dem Fahrstuhl löste und ihm folgte. Dragg schaltete auch das Licht im Wohnzimmer ein und setzte sich auf das Sofa. Im Aschenbecher neben Craigs Lieblingssessel verqualmte eine Zigarette. Der Fernseher war ausgeschaltet.

Die Tür fiel zu, eine Sicherungskette klirrte und drei Schlösser rasteten rasch hintereinander ein.

»Nichts für ungut«, sagte Craig Edwards beim Eintreten. »Ich wollte nur wissen, ob du allein bist.«

»Meine Leute warten im Treppenhaus«, erwiderte Dragg und grinste. »Anruf genügt.« Er klopfte auf die Jackentasche, in der sein Handy steckte.

Craig Edwards' Augen, klein und listig, streiften rasch durch das Zimmer, als befürchtete er, besagte Leute wären doch schon hereingeschlüpft. Er hatte einen runden Kopf. Oben ließ das dunkle Haar die beginnende Glatze durchschimmern. Seine Bewegungen waren erstaunlich schnell und behände, obwohl er mindestens 20 Kilo zuviel zu wuchten hatte. Ein blaues T-Shirt spannte sich über seinem Bauch. Hosenträger hielten die verwaschenen Jeans; die Sportschuhe waren ohne Schnürsenkel. Er ließ sich in den Sessel sinken, drückte die glimmende Zigarette aus und steckte sich eine neue an.

»Okay«, sagte er, nachdem er den ersten Zug inhaliert hatte. »Was habe ich verbrochen?«

»Du hast also etwas verbrochen?«

»Nicht, dass ich wüsste. Aber du hättest mich zu einer Pizza einladen können. Dann hätte ich gewusst, dass es nichts Ernstes ist.«

»Du hast Recht, Craig.« Dragg beugte sich vor, legte die Unterarme auf die Knie und faltete die Hände. Eindringlich sah er sein Gegenüber an. »Du warst immer ein guter Kassierer, das hat niemand vergessen.«

»Warum betonst du es dann? Bin ich jetzt nicht mehr gut?«

Craig Edwards war in den Bezirken Queens, Nassau County und Suffolk County für sämtliche Automaten der Familie Boscolo zuständig. Regelmäßig sammelte er das Kleingeld ein, das für Briefmarken, Kaugummi und Süßigkeiten in die stählernen Maschinen gesteckt worden war. Dabei kamen beträchtliche Summen zusammen.

»Doch, du bist immer noch gut«, erwiderte Dragg. »Aber etwas *zu* gut, wie es aussieht.«

»Ach!« zischte Edwards, und seine Augenlider verengten sich zu Schlitzen. »Was soll denn das heißen?« Hastig sog er an seiner Zigarette und schnippte die Asche in den Aschenbecher.

»Es ist mir sehr peinlich«, sagte Dragg. »Du bist Bagman – *Kassierer*. Damit hast du einen viel höheren Rang als ich. Eigentlich habe ich gar kein Recht, dich zu kritisieren.«

»Ja, wenn das so ist«, entgegnete Edwards laut und

überlegen, »warum gehst du dann nicht nach Hause? Ich meine, ich habe nichts gegen dich persönlich, aber ich würde es selbst meinem besten Freund übel nehmen, wenn er meine Feierabendruhe stört.«

»Und das habe ich getan?« Dragg grinste. »Fühlst du dich durch mich gestört?«

»Sagen wir mal so ... «, Edwards inhalierte tief und blies den Rauch durch Mund und Nase aus, »wenn du es kurz machst, könnte ich damit noch leben. Ich würde dir sogar einen Drink anbieten, wenn ich wüsste, dass ich in einer Viertelstunde wieder meine Ruhe habe.«

Dragg machte eine abwehrende Handbewegung. »Keinen Drink. Vielen Dank. Ich brauche einen klaren Kopf. Schließlich will ich dir nichts Falsches erzählen.«

»Na, dann erzähl mal.« Edwards drückte die halb zu Ende gerauchte Zigarette aus und zündete sich eine neue an. Er tat gönnerhaft und zwinkerte dem Besucher zu. »Als Ranghöherer von uns beiden erteile ich dir Sprecherlaubnis.«

»Danke«, antwortete Dragg. »Nun fühle ich mich schon besser, Craig. Du siehst also die Notwendigkeit unseres Gesprächs ein.«

Edwards legte den Kopf in den Nacken und blies eine Rauchwolke in Richtung Zimmerdecke. Dann sah er den Pizzamann an und zog verärgert die Mundwinkel nach unten.

»Jetzt komm zur Sache, Ronny. Wer schickt dich? Und warum?«

»Ich soll dich vom Junior grüßen.«

Craig Edwards zuckte kaum merklich zusammen. »Aha«, sagte er. »Vielen Dank.« Er versuchte, gelassen zu klingen. Doch er konnte das Zittern seiner Stimme nicht verbergen.

»Joel lässt dir ausrichten, dass es ein Buchhaltungsproblem gibt.«

»Ja, und? Sind seine Buchhalter nicht in der Lage, es zu lösen?«

»Nein. Weißt du, Craig, ich kenne die Einzelheiten nicht, aber ich möchte dir einen guten Rat geben.«

»Ah, wie zuvorkommend. Ein Hilfssoldat möchte einem Unteroffizier einen Rat geben. Das muss man wohl anerkennen, was?«

Ronan Dragg schluckte die Beleidigung, ohne mit der Wimper zu zucken. Letzten Endes hatte er selbst auf den Rangunterschied hingewiesen.

»Du solltest Joel zeigen, dass du ihm entgegenkommen möchtest«, sagte Dragg. »Es ist nämlich so, dass er dir nicht gern die Buchhalter auf den Hals hetzen möchte. Viel lieber wäre es ihm, du würdest zu ihm gehen und die Dinge von dir aus aufklären – freiwillig.«

»Welche Dinge?«

»Das Buchhaltungsproblem.«

Edwards tat begriffsstutzig. »Wie kann ich ein verdammtes Problem aufklären, das nicht meins ist?«

Dragg schüttelte verständnislos und tadelnd den Kopf. »Es tut mir ausgesprochen leid, Craig.« Er stand auf. »Ich bin beauftragt, dich zu überzeugen, falls du uneinsichtig bist.«

Craig Edwards wusste, was das bedeutete. Er warf die glimmende Zigarette in den Aschenbecher, schob sich im Sessel hoch, stützte sich ab und rutschte mit den Beinen zur Seite. In höchster Eile versuchte er, hinter den Sessel zu gelangen, als würde es dort Sicherheit für ihn geben.

Dragg war mit zwei schnellen Schritten bei ihm, zuckte bedauernd mit den Schultern und schlug zu. Die betonharten Hiebe trieben Edwards vom Sessel weg. Er stöhnte schmerzerfüllt, doch er tat seinem Gegner nicht den Gefallen, zu schreien. Mit dem Rücken prallte er gegen die Wand.

»Joel möchte wissen, weshalb die Einnahmen sinken«, sagte Dragg kalt. »Das ist das Buchhaltungsproblem. Du machst es zu auffällig, mein Freund. Du hast zu viel in die eigene Tasche gesteckt.«

»Das ist nicht wahr«, schrie Edwards.

»Ist es leider doch«, erwiderte Dragg und baute sich drohend vor ihm auf. »Bei Paul hättest du das nicht gewagt. Und bei Uncle Joe erst recht nicht. Aber den Junior hältst du anscheinend für so blöd, dass er es nicht merkt.«

»Das stimmt nicht«, heulte der Bagman.

»Ein besseres Argument fällt dir nicht ein?«, sagte Dragg missbilligend. »Himmel noch mal, Craig, du kannst die ganze verdammte Sache hier abkürzen. Ein ehrliches und aufrichtiges Wort zu Joel, und alles ist erledigt.«

»Ja, klar«, erwiderte Edwards gepresst. »Du hast ein paar Kleinigkeiten vergessen. Die Kugeln, die Betonschuhe und meinen Platz auf dem Grund des Atlantiks.«

»Aber das gilt doch nicht für dich«, sagte Dragg. »Joel ist bereit, sich mit dir zu einigen. Einen erfahrenen und bewährten Mann wie dich lässt man doch nicht einfach über die Klinge springen.«

»Wer's glaubt wird selig«, antwortete Edwards und ging zum Gegenangriff über. Ohne erkennbaren Bewegungsansatz stieß er sich von der Wand ab. Seine Fäuste schnellten vor und entfesselten ein wahres Trommelfeuer in Draggs Magengrube.

Es kam überraschend für den Pizzamann. Edwards brachte mindestens die Hälfte seiner Hiebe an den Mann.

Dragg klappte zusammen, und erst nach einer Schrecksekunde gelang es ihm, zurückzuweichen. Verdammt, er hätte es wissen müssen. Craig Edwards war alles andere als ein verweichlichter Schlappschwanz.

So klein und rundlich der Bagman auch war, so wenig sah man ihm an, wie viel er einstecken konnte. Dass er seinen Posten innerhalb des Boscolo-Clans nicht nur wegen seiner Geschäftstüchtigkeit erhalten hatte, bewies er in dieser Minute.

Ronan Dragg sammelte sich, stellte sich darauf ein, dass er eine harte Nuss zu knacken hatte. Dem nächsten Angriff entwischte er mit einem Sidestep. Edwards hieb Luftlöcher. Ein linker und ein rechter Haken zischten haarscharf an Draggs Oberkörper vorbei. Der eigene Schwung riss Edwards vorwärts. Er geriet ins Stolpern.

Dragg vollführte eine halbe Wende rückwärts. Im nächsten Moment hatte er Edwards neben sich. Wie im Vorbeigehen stanzte er dem kleinen Mann eine Dublette in die Nierengegend. Edwards geriet dadurch endgültig aus dem Gleichgewicht. Mit den Armen rudernd, schwankte er zur Seite. Die Rückenlehne seines Lieblingssessels fing ihn auf. Erstaunlich schnell nutzte er den Halt, den er plötzlich hatte. Er warf sich herum und rollte sich um die Sessellehne wie eine Mülltonne, die von unsichtbaren Händen über den Bürgersteig gekreiselt wurde.

Diesmal gingen Draggs Fausthiebe ins Leere. Mit dem Unterleib prallte er gegen die Oberkante der Lehne. Er fluchte auf die Rücksicht, die er genommen hatte. Verdammt, er hätte gleich richtig hinlangen sollen. Aber sein Auftrag lautete, Craig Edwards nur mäßige Schmerzen zuzufügen – gerade mal so viel, dass er anfing, nachzudenken. Doch der Haken an der Sache war, dass der

Bagman sich zur Wehr setzte. Er begriff nicht, oder er wollte nicht begreifen, dass Joel Boscolo ihm eine letzte Chance gab.

Mit seiner Gegenwehr machte Craig alles nur noch schlimmer.

Er war an der Vorderseite des Sessels angekommen. Während Ronan Dragg zurückwich und seinen Aufprall verdaute, tauchte Edwards nach unten. Dragg konnte nicht sehen, was sein Gegner in den Händen hatte, aber er begriff es. Es war die Unterkante des Sessels. Das mächtige Möbelstück kippte auf einmal auf Dragg zu. Die Lehnenkante hieb ihm auf die Oberschenkel, als er sich in Sicherheit zu bringen versuchte.

Das enorme Gewicht des Sessels brachte ihn zu Fall. Mit knapper Mühe schaffte er noch im Sturz eine Körperdrehung nach links. Haarscharf neben ihm krachte der Sessel auf den Fußboden. Im selben Augenblick, bevor Dragg hochkommen konnte, war der Bagman zur Stelle.

Doch er beging nicht den Fehler, sich auf seinen Gegner zu werfen. Stattdessen verpasste er ihm Fußtritte von mörderischer Gewalt. Dragg fluchte erneut. Er hatte das Gefühl, dass sein Körper von der Seite her aufgerissen wurde. Hölle und Teufel, wendete sich das Blatt jetzt womöglich noch zu seinen Ungunsten?

Verdammt, das durfte nicht geschehen. Noch nie hatte er mit Prellungen und blauen Augen in seinem Restaurant gestanden. Und das durfte auch diesmal nicht geschehen. Wut packte ihn. Als Edwards zum nächsten Fußtritt ausholte, rollte er sich ihm entgegen. Die Schuhspitze des Kassierers schrammte über Draggs verlängerte Kehrseite. Noch im selben Atemzug rollte Dragg zwischen Edwards' Beine, und es war das linke, das er ihm durch die Körperdrehung wegriss, während das rechte noch hinter seine Hüfte hakte.

Der Zwangsspagat jagte Edwards offenbar Wahnsinnsschmerzen durch den Leib, denn er schrie gellend, noch während er unsanft auf Draggs Hüftknochen landete. Die Wut des Pizzamanns lodert unvermindert hoch. Er war entschlossen, kurzen Prozess zu machen, und diesmal würde er keine Rücksicht mehr nehmen.

Mit aller Kraft drehte er sich auf den Rücken, obwohl er dabei Edwards volles Körpergewicht zu überwinden hatte. Als er ruckartig die Beine anwinkelte und ihm die Knie in den Rücken rammte, brachte es nicht den gewünschten Erfolg. Edwards' Fingernägel schrammten seitlich über seinen Hals. Dann krallten sich die Hände des Kassierers in seine Lederjacke und in sein T-Shirt, und mit gestreckten Armen stemmte er sich gegen die Kniestöße.

Der Bagman keuchte vor Anstrengung und unterdrücktem Schmerz. Die Panik ließ ihn vergessen, dass Dragg die Hände frei hatte. Zwei gewaltige Ohrfeigen trafen Edwards und warfen seinen runden Schädel hin und her. Diesmal machte Ronan Dragg kurzen Prozess. Die Fausthiebe, die er ihm von beiden Seiten her verpasste, ließen den kleinen Mann erschlaffen, während er noch wie ein Klammeraffe auf ihm hing.

Dragg schob ihn von sich und richtete sich auf. Edwards war bereits bewusstlos, als er ihn hochhob und auf das Sofa schleuderte. Doch mit einem letzten Punch ging Dragg auf Nummer sicher. Im Traumland konnte Edwards schon mal anfangen, nachzudenken – über seine Lage im allgemeinen und über Joel Boscolos Wunsch im besonderen.

Dragg ging ins Bad und betrachtete seinen Hals im

Spiegel. Da waren keine blutigen Striemen. Craig hatte nicht heftig genug gekratzt. Dragg wischte alle Lichtschalter, die er angefasst hatte, mit einem Papiertaschentuch ab. Er benutzte es auch, um die Türschlösser damit zu öffnen. Draußen ergriff er den Knauf auf die gleiche Weise, als er die Tür zuzog.

Craig Edwards war noch nicht vollends bei Bewusstsein, als er durch das Wohnzimmer kroch. Sein Schädel dröhnte, und Schmerzen wüteten überall in seinem Körper. Die Umgebung und die Einrichtungsgegenstände nahm er kaum wahr. Schwarzgraue Schleier wallten vor seinen Augen. Er hatte das Gefühl, bei Windstärke zwölf in einer Rettungsweste auf dem Atlantik zu treiben. Nur die Nässe fehlte.

Warum er so rastlos umherkroch, wusste er nicht. Sein Verstand funktionierte noch nicht wieder.

Plötzlich gab es einen harten Schlag. Etwas Scharfkantiges wie die Klinge eines Beils schien seine Stirn getroffen zu haben. Der Schmerz explodierte in seinem Kopf und erlosch gleich darauf, als er in den schwarzen Abgrund erneuter Bewusstlosigkeit stürzte.

Abermals erwachte er. Wie viel Zeit vergangen war, vermochte er nicht einzuschätzen. Doch seine Sicht war klarer, als er die Augen öffnete. Direkt vor sich sah er die Kante des Schranks, gegen die er geprallt sein musste. Nordamerikanische Eiche, das gute Stück. Der Wohnungsvorgänger hatte es ihm geschenkt, weil der Transport irrsinnig teuer gewesen wäre.

Immer noch auf allen Vieren, tastete Edwards nach der Stirn. Eine Schwellung hatte eingesetzt. Zum Glück blutete nichts. Kriechend schob er sich zurück, drehte sich und hielt nach dem Sofa Ausschau. Das war der Platz, den er jetzt brauchte. Ronny Dragg, der verfluchte Hund, hatte ihn ganz schön zugerichtet. Dabei war Ronny im Grunde kein schlechter Kerl.

Aber er hatte Joel Boscolos Befehl ausgeführt. Das zeigte ihm, Craig Edwards, was die Stunde geschlagen hatte. Wenn er noch eine Bestätigung gebraucht hatte, dann hatte er sie jetzt. Sie hatten ihn im Visier.

Der Junior besaß zwar keinerlei Erfahrung. Aber man konnte mit ihm nicht machen, was man wollte. Und er, Craig Edwards, hatte den Bogen überspannt. Das musste er jetzt einsehen.

Er kroch auf das Sofa zu. Es war enorm anstrengend. Er fühlte sich so schlaff, wie sich vermutlich ein Hundertjähriger fühlte, wenn er in seiner Wohnung gestürzt war und nicht wieder auf die Beine kam. Erneut wurde ihm schwindlig, und die schwarzgrauen Schleier kehrten zurück. Nach einer Ewigkeit stieß er mit dem Gesicht gegen die Vorderkante der Sitzpolster. Die Bewusstlosigkeit drohte ihn zurückzuholen. Aber noch einmal mobilisierte er seine Kräfte. Indem er die Arme auf die Sitzfläche hob, schaffte er es, sich wie in Zeitlupe mit dem Kopf und einem Teil seines Oberkörpers hinaufzuhieven.

Völlig erschöpft hielt er inne. Das Polster war warm und weich und lud zum Schlafen ein. Dass er noch auf dem Fußboden kniete, spürte er nicht. Er konnte sich nicht erinnern, jemals bequemer gelegen zu haben. Der Schlaf nahte mit süßer Macht, um ihn zu sich zu holen.

Während er schon zu entschlummern begann, hörte er das Schnappen der Türschlösser. Dann näherten sich Schritte, und eine Stimme sagte wie aus weiter Ferne:

»Ich bin's noch mal. Hab's mir anders überlegt.«

Augenblicklich war Edwards wieder hellwach. Von jäh

aufwallender Panik gepackt, warf er sich nach links, vom Sofa herunter. Sofort kroch er los – wie ein Käfer auf der Flucht vor dem tödlichen Schnabelhieb eines Vogels.

»Mann, lass' den Blödsinn«, sagte die Männerstimme, klarer jetzt. »Du kannst mir sowieso nicht entwischen.«

Edwards hörte nicht darauf. Seine Angst war stärker; sie verlieh ihm neue Kräfte. Die Stehlampe war im Weg, doch er wich nicht aus. Unter dem Anprall seiner Schulter kippte die Lampe um, und der gläserne Schirm zerbrach klirrend. In rasender Eile kroch er weiter, vorbei an dem Sideboard neben der offenen Küchentür. Er hätte triumphieren können, als er die Türschwelle unter seinen Händen spürte. Doch er hastete weiter. Die Fliesen unter den Händen zeigten ihm an, dass er kurz vor dem Ziel war.

»Verdammt, ja, so ist es richtig«, rief sein Verfolger. »Kriech in den Mülleimer. Da gehörst du rein. Nur schade, dass er nicht groß genug ist für dich.«

Es gelang Edwards noch, den Deckel zu öffnen. Nur verschwommen konnte er den Inhalt des Eimers erkennen. Mit fliegenden Fingern wühlte er nach dem, was er suchte. Als er es sah, war ihm, als hätte er die größte Leistung seines Lebens vollbracht. Er hörte, wie der Mann hinter ihm scharf einatmete.

Ein Sausen entstand. Es endete mit einem furchtbaren Hieb, der Craig Edwards' Hinterkopf traf. Er spürte weder den Schmerz, noch hörte er das Krachen des Hiebs, denn der Tod erlöste ihn auf der Stelle.

Die weißen Synthetik-Overalls raschelten bei jeder Bewegung. Sie beherrschten das Bild in der Wohnung. Die Frauen und Männer der Scientific Research Division trugen zusätzlich noch weiße Überschuhe, weiße Handschuhe und weiße Kapuzen, alles aus dem gleichen Raschel-Material. Sie teilten sich den vorhandenen Platz mit vier Detectives – Kriminalbeamten – vom zuständigen Polizeirevier.

Zwei uniformierte Cops bewachten den Wohnungseingang. Sie hatten Phil und mich durchgelassen. Wir hatten die FBI-Abzeichen außen an die Brusttaschen unserer Jacketts gesteckt. Die Kollegen vom NYPD hatten ihre Sakkos auf die gleiche Weise mit den Dienstmarken der Detective Division bestückt.

Sie nickten uns zu, erwiderten unseren Gruß mit Handzeichen. Einer kam auf uns zu. Sein Namensschild wies ihn als Detective Lieutenant Greg Foley aus.

»Gentlemen«, sagte er und begrüßte uns mit Handschlag. »Die Special Agents Cotton und Decker, richtig?«

»Richtig«, bestätigten Phil und ich im Duett. John D. High, unser Chef, hatte uns angekündigt.

»Wollt ihr uns den Fall abnehmen?«, fragte Foley. Es hörte sich an, als ob er absolut nichts dagegen gehabt hätte.

»Nein«, antwortete ich. »Wir sind erst mal nur Beobachter. Sie wissen, wir haben diese Arbeitsgemeinschaft ›Organisiertes Verbrechen‹.«

»Drüben in Police Plaza One, richtig?«

»Richtig«, erwiderte Phil. »Gelegentlich kommt es ja vor, dass FBI und NYPD gut zusammenarbeiten.«

»Gelegentlich«, rief der Lieutenant und schmunzelte.

Wir schmunzelten mit.

»Können wir den Toten sehen?«, fragte ich.

Foley nickte. »Klar. Folgen Sie mir, Gentlemen.«

Die Spurensicherer hatten mit Trassierband jene Bereiche der Wohnung abgeklebt, die für alle Nicht-Spurensicherer tabu waren. In den abgesperrten Teilen der Zimmer suchten die Weißgekleideten systematisch jeden Quadratinch ab. Plastikbeutel unterschiedlicher Größe wurden mit allem befüllt, was von Belang sein konnte – von der Staubprobe über Zigarettenstummel bis hin zum Handy. Alle nur erdenklichen Flächen wurden mit Grafitstaub abgepinselt, um Fingerabdrücke zu sichern. Die Fotografin hatte ihre Motive mit den üblichen Nummerntafeln markiert. So zum Beispiel eine umgekippte Stehlampe als Gesamtansicht und den zersplitterten Schirm als Detailaufnahme. Je näher wir der Küche kamen, desto größer wurde die Zahl der Nummerntafeln.

»Craig Edwards«, sagte Lieutenant Foley, als wir die Küche betraten. »Seine Akte habt ihr. Richtig?«

»Rich…«, setzte Phil an.

»Ja, haben wir«, unterbrach ich meinen Partner.

Wer täglich mehrere Stunden lang mit Foley zu tun hatte, war bestimmt stark gefährdet, das Wort »richtig« zu seiner Lieblingsvokabel zu machen. Ich hielt es für meine Pflicht, Phil davor zu bewahren.

»Dann war Edwards also ein möglicher FBI-Zeuge«, folgerte der Lieutenant.

Phil und ich brummten zustimmend.

»Und er hat die Zeichen der Zeit nicht rechtzeitig erkannt«, entwickelte Foley seine Betrachtung weiter. »Sonst hätte er den Absprung geschafft und wäre jetzt im Zeugenschutzprogramm. Richtig?«

»Hundertprozentig«, antwortete Phil und warf mir einen Blick zu. Er hatte verstanden.

In der erlaubten Trassierbandzone gruppierten wir uns um die Leiche. Der Mann, den wir Mr Jones genannt hatten, lag noch in der Haltung, in der er gefunden worden war. Mr High hatte darum gebeten, als man ihn benachrichtigt hatte. Es gab eine Anweisung an alle Polizeidienststellen, das FBI zu benachrichtigen, wenn auch nur der geringste Verdacht bestand, ein Ermordeter könnte mit dem organisierten Verbrechen zu tun gehabt haben.

Die Körperhaltung des Toten war ebenso merkwürdig wie der Ort, an dem er lag – auf dem Fußboden vor einem Küchenabfalleimer, den er allem Anschein nach umgerissen hatte. Ein Teil des Inhalts hatte sich auf den Fußboden ergossen. Edwards' rechte Hand, noch halb in der Öffnung des Mülleimers, hatte sich in ein mehrfach geknicktes Stück Pappe gekrallt.

Wenn es etwas bedeutete, würden wir es herausfinden.

Denn Craig Edwards war nicht *irgendein* Mafia-Soldat gewesen. Wir hatten ihm den Decknamen Mr Jones gegeben.

Einem Nachbarn war aufgefallen, dass die Wohnungstür unseres V-Manns offengestanden hatte. Andernfalls wäre Mr Jones alias Craig Edwards womöglich erst Tage später gefunden worden.

Mr High, Phil und ich waren die Einzigen, die von Edwards' Doppelrolle wussten. Wir hatten den Kreis der Eingeweihten bewusst so klein gehalten, weil Edwards als Vollmitglied des Mobs ein besonders hohes Risiko eingegangen war. Meistens gehörten V-Leute keinem Mafia-Clan an, sondern hatten lediglich Kontakte zur Gangland-Szene.

Auch nach seinem Tod würde niemand erfahren, dass Craig Edwards für das FBI gearbeitet hatte.

Genau genommen war der Mord an ihm allein deshalb schon ein FBI-Fall. Doch wir hielten uns erst einmal bedeckt. Das war kein Misstrauen gegenüber den Kollegen vom NYPD. Doch gegen unbedachte Äußerungen war kein Mensch gefeit. Deshalb richteten wir uns nach dem Prinzip, das da heißt: Niemand kann etwas verraten, das er nicht weiß.

Auch der Part der gerichtsmedizinischen Untersuchung war weiblich besetzt. Die Lady beendete ihr Gespräch mit zwei Kollegen in der hinteren Ecke der Küche, als sie uns und unsere FBI-Abzeichen bemerkte. »Dr. Wallrich« stand auf ihrem Namensschild. Lieutenant Foley machte uns miteinander bekannt. Christine Wallrich war eine attraktive Frau. Das vermochte ich mühelos zu erkennen, obwohl die weiße Kunststoffkluft ihr dunkles Haar nur schwach erkennen ließ und auch sonst ziemlich viel von ihr verhüllte.

Sie kniete sich neben den Toten und zeigte auf seinen zertrümmerten Hinterkopf. »Die Todesursache. Alles deutet darauf hin.« Sie wies auf die Blutlache, die sich rund um Kopf- und Schulterpartie gebildet hatte und bis zu dem umgekippten Mülleimer reichte. »Mr Edwards muss genau hier, an dieser Stelle, erschlagen worden sein. Denn es wurden sonst nirgendwo in der Wohnung Blutspuren gefunden.«

»Obwohl es einen Kampf gegeben hat«, sagte ich und deutete mit einer Handbewegung zum Wohnzimmer.

»Das ist zwar nicht mein Fachgebiet«, antwortete die Pathologin, »aber die Kollegen von der Spurenauswertung werden es Ihnen bestimmt bestätigen.«

Ich bemerkte den Hauch eines Lächelns in ihren Mundwinkeln. Der Ausdruck ihrer Augen bestätigte meine Wahrnehmung. Okay, es verstand sich von selbst, dass man angesichts einer Leiche nicht flirtete oder Witze machte. Doch es war sicherlich nichts dagegen einzuwenden, sich sympathisch zu finden.

Rein fachlich gesehen war das Angenehme an Christine

Wallrich, dass sie keine Sätze sagte wie »Die genaue Todesursache kann ich Ihnen erst nach der Obduktion mitteilen.« Und wir sagten keine Sätze wie »Schicken Sie uns Ihren Bericht bitte ins Büro.« Das lag daran, dass wir uns in der Wirklichkeit befanden und nicht in einem Fernsehkrimi. In unserem wirklichen Berufsleben verzichteten wir auf Selbstverständlichkeiten und Überflüssiges.

Dazu gehörte auch die Frage, ob an Edwards' Körper Prellungen, Abschürfungen und ähnliche Spuren einer Auseinandersetzung zu finden sein würden. Die Fachleute der SRD würden nach Fremdfasern auf seiner Kleidung ebenso suchen, wie sie unter seinen Fingernägeln, in den Haaren und in Hautfalten nachsehen würden. SRD war unser Kürzel für die Scientific Research Division, den zentralen Erkennungsdienst des New York Police Department. Auch das New Yorker FBI bediente sich dieser Einrichtung, denn sie war genauso leistungsfähig wie das Zentrallabor des FBI-Hauptquartiers in Washington DC.

Allein die Tatsache, dass Dr. Wallrich Mitarbeiterin der SRD war, sprach für ihre Fähigkeiten. Denn dort wurden nur die Allerbesten eingestellt.

Bald würde es in den höher qualifizierten Berufen sowieso von Frauen wimmeln. Phil und ich zweifelten schon lange nicht mehr daran. Frauen machten die Kopfarbeit, und Kerle wurden ihre Handlanger fürs Grobe. Das war unsere Vision für kommende Jahre. In vielen schlauen Artikeln konnte man es nachlesen. Der männliche Nachwuchs verballerte sein geistiges Potenzial an Playstations und auf LAN-Partys, während die weibliche Führungsriege der Zukunft büffelte, was in die grauen Zellen reinwollte.

»Was können Sie über die Tatwaffe sagen?«, fragte ich.

»Stumpfer Gegenstand, keine scharfen Kanten«, erwiderte die Pathologin sofort. Sie gab mir ihre Karte und fügte hinzu: »Rufen Sie mich an.«

Ich nickte und ließ mir nicht anmerken, was ich dachte. Ihre knappe, routinemäßig klingende Aufforderung bedeutete natürlich, dass sie mir nach der gerichtsmedizinischen Untersuchung mehr über das mögliche Mordwerkzeug sagen konnte. Aber dieses »Rufen Sie mich an« konnte durchaus mehr bedeuten. Ich würde auch das herausfinden.

»Diese Pappe in seiner Hand«, sagte ich, »sieht nach einem Pizzakarton aus.«

»Ist es auch«, antwortete Dr. Wallrich. Sie beugte sich zur Seite, um den bunten Druck und die Beschriftung zu entziffern. »Paddy's Pizzeria. Cross Bay Boulevard, Howard Beach, Queens.«

»Ist nicht weit von hier«, erklärte Lieutenant Foley. »Der Inhaber ist ein Ire. Heißt aber nicht Paddy. Der Name ist wohl mehr symbolisch gemeint.«

Ich bedankte mich bei Dr. Wallrich und versprach, von mir hören zu lassen. Sie nickte mir zu, mit diesem angedeuteten Lächeln in den Mundwinkeln, und kehrte zu ihren Gesprächspartnern von vorhin zurück.

Phil hatte sich unterdessen an den Lieutenant gewandt.

»Nebenan wurde offenbar gekämpft«, sagte mein Partner. »Und hier, in der Küche wurde Edwards erschlagen. Die Frage ist, warum hat sein Gegner es nicht gleich drüben erledigt?«

Foley wiegte den Kopf von Schulter zu Schulter. »Wahrscheinlich versuchte er zu fliehen. Ist aber nur bis hierher gekommen.«

»Hat die Küche einen Ausgang?«, hakte Phil nach.

»Nein.« Foley runzelte die Stirn. »Aber er könnte in Panik gewesen sein, könnte die Orientierung verloren haben. Vielleicht hatte er auch schon so viel einstecken müssen, dass er nicht mehr richtig sehen konnte.«

»Sie meinen, er ist nur durch Zufall hier gelandet?«, fragte Phil zweifelnd.

»Richtig«, erwiderte Lieutenant Foley überzeugt.

»Ich sehe das etwas anders«, widersprach ich. »Warum reißt Edwards den Mülleimer um, wenn er vor seinem Mörder flieht? Zufällig? Aus Versehen? Warum greift er nach einem Pizzakarton? Bestimmt nicht, um sich damit zu wehren.«

»Also, ich würde da jetzt nichts hineindeuten«, sagte Foley mit einer abwehrenden Handbewegung. »Das ging hier wahrscheinlich alles wahnsinnig schnell. Der Mülleimer stand Edwards einfach im Weg. Das kostete ihn wertvolle Sekunden. Und dann war der Killer auch schon zur Stelle und hat ihn erschlagen.«

»Ihre Theorie«, entgegnete ich.

»Richtig«, erwiderte der Lieutenant pikiert. »Und Ihre?«

»Ist noch in Arbeit«, antwortete ich ausweichend.

Phil sprang in die Bresche und beschwichtigte: »Wenn Jerry Kopfarbeit leistet, lässt er nichts raus, bevor er ein Ergebnis hat.«

»Gute Methode«, murmelte Foley anerkennend. »Dann widerspricht man sich nicht so leicht.«

»Richtig«, konnte ich mir nicht verkneifen zu erwidern. Ich ignorierte Phils tadelnden Blick.

Wir tauschten unsere Visitenkarten aus und verabschiedeten uns. Beim Hinausgehen sprachen wir mit einem Erkennungsdienstler, der die Tür abpuderte. Craig

Edwards' Mörder, so erklärte er, habe das Schnappschloss ohne große Mühe aufbrechen können. Es sei nämlich nicht abgeschlossen gewesen. Auch die inneren Zusatzschlösser seien nicht verriegelt gewesen. Nach dem Mord habe der Killer die Tür offen stehen lassen müssen, weil sie sich nicht mehr zuziehen ließ.

»Der Pizzakarton geht dir nicht aus dem Kopf«, sagte Phil im Treppenhaus. »Was hast du eigentlich gegen Lieutenant Foley?«.

»Gar nichts«, antwortete ich. »Ich habe nur etwas dagegen, wenn Kollegen sich vorzeitig festlegen und nichts anderes mehr gelten lassen. Du weißt, wovon ich rede.«

»Von Ermittlungen, die man so führt, dass sie zu dem gewünschten Ergebnis führen«, erwiderte Phil und nickte. »Du bist also überzeugt, dass die Pizzapappe etwas bedeutet?«

»Ja, bin ich. Ich halte es für einen Hinweis.«

»Darauf, dass Mr Jones gern Pizza gegessen hat?« Als er mein Gesicht sah, fügte Phil rasch hinzu: »Sorry, war ein schlechter Scherz, ich weiß.«

»Schon gut«, erwiderte ich gnädig. »Dann überleg mal, warum er in höchster Todesangst nicht etwa nach einem leeren Joghurtbecher oder einer Bananenschale gegriffen hat.«

»Du meinst, er war noch in der Lage, den Pizzakarton extra rauszusuchen?«

Ich nickte. »Erinnere dich an seinen Anruf von heute Nachmittag. Er wusste, dass etwas gegen ihn im Busch war. Und wir waren die Einzigen, denen er es gesagt hat. Also wusste er in seiner größten Not auch, dass wir seinen Hinweis verstehen würden.«

Phil wurde nachdenklich. Wir traten auf den Bürgersteig hinaus und gingen auf meinen Jaguar zu. Ich hatte den roten Renner unmittelbar außerhalb der Polizeiabsperrung geparkt. Schweigend fuhren wir los.

Ich wusste, dass meinen Freund die gleichen Fragen bewegten wie mich.

War Mr Jones aufgeflogen?

Hatten seine Freunde aus der Boscolo-Familie Verdacht geschöpft? Oder hatten sie sogar eindeutige Hinweise darauf gefunden, dass er für uns vom FBI gearbeitet hatte?

Nein. Ausgeschlossen.

Unsere Sicherheitsvorkehrungen waren wasserdicht gewesen. Seine Festnetzleitung zum FBI hatte auf einer geheimen Schaltung beruht. Gesprächsverbindungen waren mit einem Zifferncode aktiviert worden, den nur Mr Jones alias Craig Edwards und wir kannten – ähnlich wie bei »Call-by-Call«-Anbietern für günstigeres Telefonieren. Ansonsten hatte die Verbindung praktisch nicht existiert.

Gut drei Jahre lang hatten wir mit unserem V-Mann Mr Jones reibungslos zusammengearbeitet, nachdem wir akzeptiert hatten, weshalb ausgerechnet ein Vollmitglied der Mafia uns mit Informationen versorgen wollte.

Der Grund war aus der aktuellen Lage entstanden. Edwards hatte erkannt, dass die Einschläge – sprich Festnahmen – immer näher gekommen waren. Deshalb hatte er frühzeitig seine Chancen sichern wollen, später als Kronzeuge auftreten zu können. Das war nicht unbegründet gewesen in diesen Zeiten, in denen die Bosse reihenweise hinter Gitter wanderten und Staatsanwälte und Richter mit jedem Insider einen Deal machten, wenn er nur laut und beweiskräftig genug sang.

»Wenn es ein Hinweis war«, sagte Phil, nachdem er der Funkzentrale unsere Rückfahrt gemeldet hatte, »dann sollten wir uns mal diese irische Pizzeria ansehen.«

Ich nickte und sah auf die digitale Zeitanzeige des Daten-Bildschirms. Es war halb drei. Morgens. Wenn der Fall Jones-Edwards schon offiziell unser Fall gewesen wäre, hätten wir den Pizzamann aus dem Bett geklingelt. Weil wir aber weder Lieutenant Foley ins Handwerk pfuschen noch vorzeitig die Pferde scheu machen wollten, planten wir für den nächsten Tag einen Besuch in Paddy's Pizzeria ein.

Kapitel 3

Wir hielten den Typ für den Inhaber, so, wie er sich aufführte. Kaum eine Viertelstunde saßen Phil und ich als Gäste in Paddy's Pizzeria, und schon waren wir überzeugt, den Kerl vor uns zu haben, dem hier alles gehörte.

Er stolzierte durch die Tischreihen und sah aus wie einer, der Big Boss werden wollte und schon mal trainierte. Was das äußere Format anbelangte, war er auf dem besten Weg. Ich schätzte ihn auf mindestens 100 Kilogramm. Und das bei den zwei Jahrzehnten, die er bestenfalls auf dem Buckel hatte. Viel älter konnte er nicht sein.

»Hi, Baby«, lautete sein Standardgruß für weibliche Gäste. Für den männlichen Teil der Pizza-Kundschaft hatte er coole Sprüche drauf, wie: »Was geht, Mann?« oder »Hey, Freak.«

Auch Phil und ich erfuhren die Gnade seines Grußes.

»Hi, Folks«, sagte er und grinste uns an. »Folks« – *Leute* – war vermutlich seine Anrede für Menschen, die mindestens zehn Jahre älter waren als er und am liebsten Countrymusik hörten.

»Hi, Mister«, erwiderte ich. Phil murmelte mit.

»Nicht von hier, stimmt's?« Das Babyspeck-Gesicht nahm einen kundigen Ausdruck an.

»Stimmt«, erwiderte Phil einsilbig. Auch ich machte keine Anstalten, das Gespräch fortzusetzen.

»Na dann.« Der freundliche dicke Junge nickte uns zu. »Viel Spaß in Howard Beach.« Er hörte sich an, als ob ihm nicht nur Paddy's Pizzeria, sondern das ganze Stadtviertel gehörte. Für sein Alter hatte er es ganz schön weit gebracht – was die Einbildung betraf.

Wir nickten dankend zurück. Er schlenderte weiter und ließ sich schließlich in der Nähe des Eingangs an dem Tisch nieder, den er mit drei Gleichaltrigen teilte. Er konnte natürlich nicht der Inhaber sein, der nicht Paddy hieß. Dafür war er einfach zu jung.

Phil fragte die hübsche Serviererin, die uns zweimal »Four Seasons« und zweimal Mineralwasser brachte.

»Wer ist denn der nette Grußonkel? Der Sohn des Inhabers?«

»Der?« Sie schüttelte heftig den Kopf. Ihr langes dunkles Haar warf seidig schimmernde Wogen. Sie trug einen schwarzen Rock, eine weiße Bluse und eine kleine weiße Schürze. Ihre Miene verdunkelte sich für den Hauch eines Moments, dann aber lächelte sie wieder. Während sie Teller und Gläser vor uns hinstellte, erklärte sie halblaut: »Das ist Big Nick. Nicholas Coppelli. Der größte Angeber von ganz Howard Beach. Es wird ja viel geredet, aber angeblich ist er mit allen Mafia-Größen verwandt, die es jemals in New York gegeben hat.«

Phil stieß einen leisen Pfiff aus.

»Dann sind wir ja gerade von einem echten Prominenten begrüßt worden«, sagte ich.

Die Serviererin richtete sich auf und lächelte, als würde sie sagen: ›Haben Sie sonst noch einen Wunsch, Gentlemen?‹ Was sie wirklich sagte, war: »Wenn Sie ihn um ein Autogramm bitten, wird er es Ihnen geben.«

»Unser Freund Big Nick hält sich also für den kommenden Mann«, folgerte ich.

Die Serviererin atmete hörbar durch die Nase aus. »Der denkt, er ist schon jetzt die große Nummer.«

»Hat er einflussreiche Eltern?«, erkundigte sich Phil. »Das wäre vielleicht die Erklärung.«

Sie sortierte Speisekarten und Werbeständer auf

unserem Tisch: »Die Eltern sind beide arbeitslos. Offiziell. Aber Sie müssten mal ihr Haus sehen. Und die Autos, die sie fahren.«

Uns wunderte gar nichts mehr.

»Arbeiten Sie immer hier?«, fragte Phil.

»Nur in den Semesterferien.« Ihr Lächeln wurde sanft, geradezu zärtlich. »Ich heiße Candace. Und ja, ich würde mich gern mal privat mit Ihnen treffen.«

Phil war von den Socken, genau wie ich.

»Vielleicht in einer anderen Pizzeria?«, entgegnete er dennoch schlagfertig und zwinkerte ihr zu.

»Super Idee«, ging sie auf seinen Scherz ein. »Da könnte ich mich ja beruflich weiterbilden.« Mit einer Augenbewegung zur Kasse hin gab sie zu verstehen, dass sie weitermachen musste.

Als sie sich auf den Weg zum Tresen machte, sahen wir, dass die Kassiererin bereits aufmerksam herübergespäht hatte. Sie bemerkte unseren Blick und lächelte uns zu. Phil und ich widmeten uns unseren »Four Seasons«, die beim Italiener »Quattro Stagioni« hießen. Schon nach den ersten Bissen waren wir uns einig, dass die irische Pizza mindestens genauso gut war wie die italienischen, die wir kannten.

»Verpiss dich, Fatso!«, ertönte plötzlich eine Frauenstimme – laut und deutlich über dem Geräuschpegel der Gespräche im Restaurant.

Schlagartig wurde es still.

Alle Köpfe ruckten in die gleiche Blickrichtung. Phil und ich machten ebenso wenig eine Ausnahme wie die Frau an der Kasse. Sogar die Pizzabäcker ganz hinten in der Backstube hörten auf, die Teigscheiben fliegen zu lassen.

Big Nick hatte sich vor einem Tisch rechts vom Eingang aufgebaut. Weshalb er das getan hatte, konnten wir nur vermuten. Mit ein bisschen Wohlwollen zu seinen Gunsten konnte man annehmen, dass er versucht hatte, mit den vier jungen Frauen an dem Tisch anzubändeln. Ganz offensichtlich war er nicht ihr Typ. Und ebenso offensichtlich hatten sie keinen Respekt vor ihm.

Er beugte sich zu der Unerschrockenen in der Frauenrunde. Es sah aus, als wollte er in ihr Gesicht hineinkriechen. Sie war ein sportlicher Typ mit kurzem rotblondem Haar. Einschüchtern ließ sie sich auch jetzt noch nicht. Big Nick hatte seine Drohgebärde wahrscheinlich von den berühmten Fotos der Brüll-Sergeants im Marines-Ausbildungs-Camp auf Parrish Island abgeguckt.

»Wiederhol' das«, verlangte er und schien ihr die Nase abbeißen zu wollen. »Ich hab dich nicht verstanden.«

»Verpiss dich, Fatso!«, schrie sie ihn an.

Ungewollt zuckte er zurück.

Ungläubig starrte er sie an. Mit diesem Rollentausch hatte er nicht gerechnet. Sie hatte sich zum Sergeant gemacht, und er war darüber erschrocken. Das konnte er nicht zulassen, wenn er nicht sein Gesicht verlieren wollte. Seine Freunde grinsten bereits, steckten die Köpfe zusammen und machten Witze über ihn.

Die Rotblonde sprang auf. »Lass uns in Ruhe«, fauchte sie. »Wir stehen nicht auf Riesenbabys. Klar?« Ihre Freundinnen klatschten Beifall und stießen anfeuernde Rufe aus.

Big Nick riss der Faden. Urplötzlich packte er zu. Seine fleischigen Finger gruben sich tief in ihre Oberarme. Sie schrie auf, als er sie vom Tisch wegriss und an sich zog. Verzweifelt versuchte sie, ihn mit dem Knie zu erwischen, aber er war schlau genug, auszuweichen, indem er seinen massigen Körper zur Seite drehte. Brutal presste er sie an die Wandverkleidung aus Profilholz.

Ich fragte mich, wo der Inhaber blieb. Hatte er von seinem Büro aus keinen Überblick? Oder war er gar nicht da? Und was war mit der Kassiererin? Warum klebte sie auf ihrem Stuhl und beschränkte sich darauf, entsetzt auf das Geschehen zu starren. Und verdammt, warum gab es überhaupt keinen männlichen Aufpasser in dem Laden?

»Weißt du, auf was wir hier in Howard Beach stehen?«, grölte Big Nick. »Auf blöde Schlampen aus Jamaica!« Mit obszönen Bewegungen seines Unterleibs quetschte er sie an die Wand.

Diesmal waren es seine Freunde, die Beifall johlten. Die Freundinnen der Rotblonden hatten ihre Schrecksekunde noch nicht überwunden. Sie stammten aus Jamaica, und damit war nicht etwa die Karibikinsel gemeint, sondern das gleichnamige Stadtviertel in der Nähe, nördlich des Kennedy Airport.

Das erklärte alles. Big Nick und seine Kumpanen hatten festgestellt, dass die Girls nicht aus dem eigenen Viertel kamen. Also war es für Big Nick so was wie eine Pflichtübung, den Platzhirsch zu geben.

Die forsche Rotblonde schluchzte und wimmerte. Ihr Peiniger kannte eine Reihe von Handgriffen, die schlimme Schmerzen zufügten. Und er schien zu wissen, dass er machen konnte, was er wollte. Niemand wagte einzugreifen.

Phil und ich sahen uns an und nickten.

Ich hatte nicht vor, mich hervorzutun. Aber was zu viel war, war zu viel. Phil sah es genau so. Wir standen auf und gingen zügig hinüber. Unterwegs steckten wir die Dienstmarken ans Jackett. Wir mussten mit offenen Karten spielen. Erstens sollten diese Nachwuchsgangster wissen, mit wem sie es zu tun hatten. Zweitens befanden wir uns nicht in einem Saloon des Wilden Westens, wo eine Schlägerei zum abendlichen Unterhaltungsprogramm gehört hätte.

Big Nick konzentrierte sich so sehr darauf, die junge Frau zu quälen, dass er mich selbst dann noch nicht bemerkte, als ich schon unmittelbar hinter ihm stand. Auch sie sah mich nicht. Sie kniff die Augen zu vor Schmerzen. Ihre Arme würden in den kommenden Tagen von blauen Flecken übersät sein.

Aus den Augenwinkeln heraus sah ich, dass Phil sich vor dem Tisch der drei anderen aufgebaut hatte. Entgeistert starrten sie meinen Partner an. Das FBI-Wappen auf seiner Dienstmarke erzeugte Respekt.

»Mr Coppelli?«, sagte ich höflich. »Nicholas Coppelli?«

Ohne die Rotblonde loszulassen, blickte er über seine Schulter. Er grinste. »Freut mich, Mister. Schön, dass ich schon außerhalb von Howard Beach bekannt bin. Da, wo Sie herkommen, ist es bestimmt auch nicht üblich, sich in Sachen einzumischen, die einen nichts angehen. Hier bei uns tut man so was nämlich nicht. Also ...«

Bestimmt wollte er mir empfehlen, abzuhauen. Doch er unterbrach sich, als er meine Dienstmarke bemerkte. Er erbleichte. Doch im Gegensatz zu seinen Freunden war sein Respekt nur von kurzer Dauer.

»Jerry Cotton, Special Agent, FBI«, stellte ich mich vor.

»Okay, schwenk' dich, Bulle«, knurrte er und wandte sich wieder seinem Opfer zu.

Ich ergriff sein Ohrläppchen. Das rechte.

Im ersten Moment kapierte er nicht, was mit ihm geschah. Mit einer ärgerlichen Kopfbewegung versuchte er, den Druck am Ohr loszuwerden. Doch das gelang ihm nicht. Denn je heftiger er den Kopf schüttelte, desto fester wurde mein Griff mit Daumen, Zeigefinger und Mittelfinger. Im nächsten Moment versuchte er mit aller Kraft, sich loszureißen. Aber inzwischen klemmte sein Ohrläppchen fest wie in einem Schraubstock.

Der Schmerz ging ihm durch und durch. Er brüllte wie ein Stier. Ungewollt ließ er die junge Frau los. Sie bedachte mich mit einem dankbaren Blick und wich zur Seite weg.

»Wenn du dich nicht bewegst, lässt der Schmerz nach«, sagte ich in Big Nicks freies Ohr. »Und wenn du eine falsche Bewegung machst, tut es sofort wieder weh.« Ich demonstrierte es ihm, indem ich meinen Schraubstock ein wenig drehte.

Wie auf Kommando brüllte er von neuem los. Dann befolgte er meinen Rat. Stocksteif stand er da und wagte nicht einmal mehr, den kleinen Finger zu rühren.

Ich spürte all die Blicke in meinem Nacken. Niemand in Paddy's Pizzeria schien zu glauben, was er sah. Denn niemand hätte es gewagt, sich mit Big Nick anzulegen. Doch die Leute mussten begreifen, dass sich die Zeiten änderten. Auch in Howard Beach sollte Mafia und Mafia-Verwandtes nicht länger den Ton angeben. Damit musste endgültig Schluss sein. Das war Phils und mein Job. Und der Tod unseres V-Manns war ein schlimmes Signal für uns gewesen. Ab sofort war null Toleranz angesagt.

Big Nick war der Erste, der es zu spüren bekam. Sein Pech, dass er zur falschen Zeit am falschen Ort war.

Mittels Ohrläppchensteuerung veranlasste ich ihn zu einer 90-Grad-Wende, sodass er die Besucherinnen aus Jamaica ansehen musste. Die Rotblonde, sein Opfer, wurde von ihren Freundinnen getröstet. Sie hielten inne und blickten zu Big Nick und mir auf.

»Was hast du zu der Lady gesagt?«, fragte ich.

Er nuschelte etwas.

Ich blickte an seiner Schulter vorbei und fragte: »Haben Sie das verstanden?«

Ein einhelliges Kopfschütteln war die Antwort der Girls.

»Also noch mal laut und deutlich, Nicky-Baby«, ordnete ich an und ließ ihn spüren, dass die Schmerzen jederzeit wieder ausbrechen konnten.

»Ich kann mich nicht erinnern«, schrie er.

»Können Sie sich erinnern?«, fragte ich sein Opfer und ihre Freundinnen.

»Er hat gesagt«, antwortete die Rotblonde, »weißt du, auf was wir hier in Howard Beach stehen? Auf blöde Schlampen aus Jamaica. Und dann hat er so getan, als würde er mich ...« Sie senkte den Kopf, mochte nicht weitersprechen.

»Entschuldige dich bei ihr«, befahl ich.

»'tschuldigung«, knurrte er.

»Das war ja wohl nichts«, stellte ich fest. »Das hätten wir gern ein bisschen freundlicher und ausführlicher. Etwa so: Es tut mir Leid, wenn ich Ihnen Schmerzen zugefügt habe. Ich bitte Sie dafür um Entschuldigung.«

Den genauen Wortlaut brachte er nicht zustande. Dafür reichte seine Merkfähigkeit nicht.

»Tut mir Leid«, quetschte er hervor. »Wollte Ihnen keine Schmerzen machen. Bitte um Entschuldigung.«

»Genügt Ihnen das?«, fragte ich die Rotblonde.

»Ja, Sir«, antwortete sie leise. »Ich danke Ihnen.«

»Natürlich kommt er so nicht davon«, fügte ich hinzu. »Mein Kollege und ich werden den Fall der Staatsanwaltschaft übergeben. Und Ihnen empfehle ich, Mr Coppelli zivilrechtlich auf Schadensersatz und Schmerzensgeld zu verklagen.«

»Das werde ich ganz bestimmt tun«, antwortete sie.

Ich dirigierte Big Nick zum Ausgang, vorbei an seinen Freunden. In der offenen Tür ließ ich sein Ohrläppchen los. Ohne sich noch einmal umzudrehen, stapfte der füllige junge Mann auf die Straße hinaus. Draußen war es noch hell. Der Abend war so sommerlich wie der vorangegangene.

Phil schickte die anderen hinterher. Als letzter ging ein kleiner Schmächtiger an mir vorbei. Er sah aus wie ein Schuljunge.

»Mann, jetzt hast du dir aber einen Todfeind geschaffen«, sagte er und drehte sich im Weggehen zu mir um.

»Big Nick?«, entgegnete ich und lachte. »Der kann doch gar keinen töten.«

Der Junge öffnete den Mund und sah mich an, als wollte er sagen: ›Hast du eine Ahnung, Mann.‹

Doch er klappte den Mund zu und wandte sich rasch ab.

Der alte Familiensitz der Boscolos stand an der Nordseite der 165th Avenue. An deren Südseite erstreckte sich der Frank M. Charles Memorial Park, und daran grenzte bereits die Wasserfläche der Jamaica Bay. Aus dem ersten Stock der schmucken Bürgervilla konnte man auf die Bucht und ihre Sumpfinseln hinausblicken, wie früher, als der Airport noch Idlewild geheißen hatte und viermotorige Propellermaschinen mit tierischem Gedröhn gestartet und gelandet waren.

Ronan Dragg parkte seinen metallicsilbernen Lexus LS 430 auf dem Seitenstreifen gegenüber der Villa. Wehmut erfasste ihn, als er ausstieg. In seiner Kindheit war das Boscolo-Haus für ihn stets so etwas wie ein Königsschloss gewesen, das Symbol einer unerreichbar fernen Welt voller Gold und Edelsteine. Die Kinder in jener Luxuswelt waren nur wenig älter gewesen als er – Joel und Simon, die Mafia-Prinzen.

Aber nur in der Elementary School hatte man als Normalsterblicher vielleicht mal ein paar Worte mit ihnen wechseln können. Dann nämlich, wenn sie in den Pausen Hof hielten und sich gnädig dazu herabließen, mit dem Fußvolk zu reden. Ein Chauffeur hatte sie zur Schule gebracht und wieder abgeholt, und zwar in einem schwarzen Rolls Royce mit dunklen Fensterscheiben.

Später dann waren Joel und sein drei Jahre jüngerer Bruder Simon nach Neu-England geschickt worden, in ein Internat in Maine. Heute erinnerte nur noch das Gebäude an jene glanzvollen Zeiten von »La Bella Mafia«. Die Boscolos hatten hier in Howard Beach an der Spitze all jener Familien gestanden, die zur Ehrenwerten Gesellschaft der Sizilianer gehörten. Und in der Tat hatten die Menschen im Viertel zu den Mitgliedern der Familie Boscolo aufgeblickt und sie verehrt wie Angehörige eines Herrscherhauses.

Denn sie hatten viel Gutes getan, die Boscolos. Hatten Kindergärten bauen lassen, Schwimmbäder, Sportplätze, Jugendclubs und eine ganze Reihe jener kleinen eingezäunten Plätze, auf denen sich die Nachbarschafts-Kids in ihrer Freizeit zum Basketball treffen konnten.

Und für viele wohltätige Zwecke hatten sie gespendet. Warme Mahlzeiten für Obdachlose. Medizinische Versorgung und Second-Hand-Kleidung für die Schwächsten der Gesellschaft. Ja, sogar Wohnblocks mit günstigen Apartments hatte Uncle Joe bauen lassen. Er war der größte Wohltäter von allen in der Familie gewesen.

Sein Vater hatte die Villa in den Vierzigerjahren des

20. Jahrhunderts gebaut. Das Gebäude hatte rauschende Partys und festliche Empfänge erlebt. Die High Society aus ganz New York war zu Gast gewesen, ebenso Filmstars, die in Hollywood Karriere gemacht hatten, und Künstler, die auf den Bühnen am Broadway umjubelt wurden.

Niemand hatte die gesellschaftliche Position einer Familie vom Rang der Boscolos in Frage gestellt. Denn sie hatten ihre Verpflichtungen für die Gemeinschaft und das Wohl der Menschen in ihrem Stadtviertel ernst genommen. Das hatten die Verantwortlichen in New York damals noch zu würdigen gewusst.

Dass die geschäftlichen Angelegenheiten der Familie Boscolo gelegentlich auch den Einsatz von Gewalt erforderten, wusste jeder. Aber niemand machte sich darüber Sorgen, denn es gab dieses ungeschriebene Gesetz »We only kill ourselves«, was etwas ungeschickt ausgedrückt war und bedeuten sollte: »Wir töten nur unseresgleichen.«

Ronan Dragg blickte auf seine Armbanduhr. Es war kurz nach halb zehn. Joel empfing nur abends Besucher, und dann auch erst, wenn der Fernsehfilm auf HBO zu Ende war. Der gemeinsame Fernsehabend mit seiner Mutter und seinem Bruder war für Joel eine Gewohnheit, die ihm sehr viel bedeutete.

Dragg hatte den Lexus viel zu früh aus der Garage geholt. Deshalb war er eine halbe Stunde lang durch Howard Beach gekurvt, um nicht vorzeitig bei Joel einzutreffen. Dragg schloss den Wagen ab und schlenderte noch eine Weile am Straßenrand entlang. Es waren nur noch wenige Autos unterwegs. Die 165th Avenue war eine ruhige Wohnstraße, wenn auch nicht mehr so bedeutend wie früher, als sie noch zu den Top-Adressen New

Yorks gehört hatte. An der Westseite des Parks mündete das Shellbank Basin in die Bucht und erinnerte an die großen Zeiten, in denen Berufsfischer noch echtes Geld gemacht hatten und es sich für die Mafia gelohnt hatte, in diesem Geschäft mitzuwirken. Der Cross Bay Boulevard, von dem die 165th Avenue abzweigte, führte an dem Hafenbecken entlang und verlief dann als langgezogene Brückenverbindung bis hinüber nach Rockaway.

Ronan Dragg seufzte, während er dahinschlenderte. Für ihn war es eine Schande, dass die Mafia heutzutage so in den Dreck gezogen wurde.

Das fing schon mit der Wortwahl an. Heute sprachen die Medien und die Behörden vom »Mob«, wenn sie die Mafia meinten. Weil sie alles in einen Topf warfen. Dragg konnte sich immer wieder darüber empören, wenn sie Albanerbanden und Dealerringe aus der Dominikanischen Republik in einem Atemzug mit den klangvollen Namen der Boscolos und ihrer ehrenwerten Verwandten nannten.

Das FBI und sämtliche anderen Polizeibehörden hatten sich auf die Mafia eingeschossen. Mit einer riesigen Palette von Schikanen machten sie den Familien das Leben schwer. Die Abhöraktionen mit den neuesten Wanzengenerationen und Richtmikrofonen grenzten oft ans Illegale. Bis hin zur Verurteilung der Familienoberhäupter reichte das Repertoire der Bullen und ihrer Verbündeten, der Rechtsverdreher.

Wie viele Leute, die er kannte, war Ronan Dragg sicher, die wahren Hintergründe zu kennen. Es waren die Politiker und die hohen Beamten in Washington DC, denen die Mafia zu schlau wurde – und damit zu gefährlich. Denn korrupt waren sie nach Draggs Meinung alle. Die aalglatten Typen, die an den Schaltstellen der Macht saßen, hatten sich samt und sonders irgendwann der Hilfe der Mafia bedient, um Karriere zu machen. Und nun, da sie ganz oben angekommen waren, schafften sie sich ihre einstigen Förderer vom Hals, indem sie sie von FBI und Polizei schnappen und vor Gericht bringen ließen.

Das Ende vom Lied lautete in allen Fällen »mehrfach lebenslänglich«. So war es sämtlichen großen Bossen der Mafia in den letzten Jahren gegangen. Man hatte sie auf die Hochsicherheitsgefängnisse überall in den Staaten verteilt und ließ sie dort verrecken, wenn sie alt und krank wurden. Im Fall des großen John Gotti hatte es die Welt miterlebt. Als er seinen Kehlkopfkrebs bekam, hatte er längst nicht alle Therapien bekommen, die möglich gewesen wären. Daher war er an seiner Krankheit elend zugrunde gegangen.

Ronan Dragg war felsenfest davon überzeugt, dass diese Theorien und Gerüchte stimmten und dass die Repräsentanten des Staates die Mafia wegen ihres Wissens fürchteten und ihr deshalb so zusetzten.

Um viertel vor zehn durchquerte Dragg den gepflegten Vorgarten der Boscolo-Villa und drückte den Messingknopf an der Haustür. Hinter dem massiven Holz ertönte als Klingelton John Philip Sousas Marsch »Stars and Stripes Forever«. Dragg stellte sich vor, wie der gedämpfte Klang durch die Flure des großen Hauses schwebte. Er kannte die gediegene Eleganz dort drinnen; die Wandtäfelungen, die Teppiche, die Samtportieren und die Gardinen. Schränke, Kommoden und andere Möbelstücke waren so groß und wuchtig, dass sie sich niemals abtransportieren lassen würden. Deshalb glaubte er auch heute noch, Tischler hätten sie an Ort und Stelle gebaut.

Simon Boscolo öffnete die Tür. Er lächelte erfreut, als er den Pizzamann vor sich sah. Mit seinen 30 Jahren war

Simon noch immer das Nesthäkchen der Familie. Er hatte nie studiert und nie einen Beruf erlernt. Er war der geborene Nichtstuer, den die Familie mit durchschleppte. Das hatte er Uncle Joe zu verdanken, der nie geheiratet und keine eigenen Kinder gehabt hatte. Simon war sein Lieblingsneffe gewesen und entsprechend verwöhnt worden. Und Uncle Joe hatte ihm genug Geld vererbt, damit er bis ans Ende seiner Tage sorglos leben konnte.

Simon neigte den Kopf nach links und rechts, um festzustellen, ob Dragg etwas in den Händen hielt.

»Keine Pizza?«, fragte er enttäuscht. »Du besuchst uns und kommst mit leeren Händen?«

»Anweisung von Joel«, erwiderte Dragg und grinste. »Er sagt, du bist zu dick, und du platzt bald, wenn du so weitermachst.«

Simon verzog beleidigt das Gesicht. »Warum hörst du bloß immer auf Joel?«

»Er ist der Boss.«

»Ja, aber doch hauptsächlich im geschäftlichen Bereich. Ich meine, er muss es doch gar nicht merken, wenn du mir mal eine kleine Margherita oder eine Calzone mitbringst.«

»Er merkt alles«, ertönte eine Stimme aus dem Hintergrund. »Lass' dich bloß nicht auf die Wahnvorstellungen eines Fresssüchtigen ein, Ronny.«

»Eines Esssüchtigen«, maulte Simon. »Tiere fressen, Menschen essen.«

»Bei dir bin ich mir da nicht so sicher.« Joel Boscolo legte seinem Bruder die Hand auf die Schulter und lachte.

Die beiden sahen sich ähnlich wie Zwillinge, wenn man vom Leibesumfang absah. Und sie waren beide typische Boscolos, hatten das glatte runde Gesicht und das mittelblonde Haar wie ihr Vater und ihr Onkel. Joel war schlank und sportlich, und obgleich er drei Jahre älter war, wirkte er jünger als sein übergewichtiger Bruder.

Joel trainierte regelmäßig in seinem Fitness-Studio. Er hatte es in seinem eigenen Haus im benachbarten Stadtviertel Richmond Hill eingerichtet. Dort ließ er auch seine häufig wechselnden Freundinnen wohnen. Mindestens die Hälfte seiner Zeit aber verbrachte er hier in seinem Elternhaus. Seine Mutter bestand darauf, dass er sie täglich besuchte. Vor allem aber verlangte sie von ihm, dass er alle geschäftlichen Angelegenheiten in der Villa abwickelte. Sie war es so gewohnt, und sie wollte es nicht missen. Joel tat ihr den Gefallen, denn er wusste, dass es ihr über die Einsamkeit hinweghalf. Seit sein Vater im Gefängnis saß, nahm er seine Pflichten als Sohn gewissenhaft wahr. Dazu gehörte es, seiner Mutter wenigstens das Gefühl zu geben, im Haus der Familie nach wie vor an den entscheidenden Dingen beteiligt zu sein.

»Tja, Ronny«, seufzte Simon und zwinkerte listig. »Dann wird mir wohl nichts anderes übrig bleiben, als deinen Bringdienst anzurufen.«

»Kein Kommentar«, erklärte Dragg. »Ich sitze zwischen den Stühlen, und da ist es in diesem Fall am gemütlichsten.«

»Weise Entscheidung«, sagte Joel und lachte abermals. »Gleich darauf wurde er ernst. »Komm rein, Ronny. Wir müssen reden.«

Während Simon in einem Seitenkorridor verschwand, führte Joel den Besucher ins Kaminzimmer. Nur eine matte Wandlampe brannte dort. Das versiegende Tageslicht fiel durch die beiden zum hinteren Garten gerichteten Fenster herein.

Lilian Boscolo saß in einem Ohrensessel neben dem linken Fenster. Der Sessel stand so, dass sie sowohl in den Garten als auch ins Zimmer blicken konnte. Ihr Profil zeichnete sich scharf umrissen im Gegenlicht ab, wie in einer Fotostudie. Die 58 Jahre sah man ihr noch immer nicht an. Lilian hatte ihr langes dunkles Haar zu einem lockeren Knoten im Nacken zusammengebunden. Das rote Seidenband, das sie dafür verwendet hatte, gab ihr etwas Mädchenhaftes, Jugendliches. Sie war schlank, wirkte selbst in ihrem grauen Hausanzug sportlich. Sie hatte einen privaten Tennistrainer, mit dem sie jeden Tag mindestens eine Stunde auf dem eigenen Platz verbrachte. Der befand sich weiter hinten im Garten, in einem sichtgeschützt eingezäunten Bereich.

»Guten Abend, Lilian«, sagte Dragg höflich und ging auf sie zu.

Aus der Tiefe des Sessels hielt sie ihm ihre schlanke und doch kräftige Hand entgegen.

»Hallo, Ronan«, erwiderte sie mit einer Altstimme, die nach grenzenloser Lebenserfahrung klang. »Schön, dich mal wieder zu sehen.«

Er nahm ihre Hand und verbeugte sich zu einem angedeuteten Handkuss. Um es nicht übertrieben wirken zu lassen, richtete er sich sofort wieder auf. Mit einem gnädigen Wink wies ihn die Hausherrin an, ihr gegenüber Platz zu nehmen, in dem freien Sessel neben ihrem Sohn.

Eine Küchenangestellte trug ein Tablett mit duftendem Caffè Crema herein und platzierte die Tassen auf den Beistelltischen. Nachdem die Angestellte wieder gegangen war und sie einen Schluck getrunken hatten, wandte sich Joel dem Besucher zu.

»Du weißt, eigentlich bin ich ein rücksichtsvoller Mensch. Aber so, wie die Dinge stehen, will ich nicht um den heißen Brei herumreden, Ronny.« Joel atmete durch, bevor er weitersprach. »Verdammt, was ist in dich gefahren? Du solltest Craig Edwards nicht umbringen. Davon war überhaupt nicht die Rede, zu keinem Zeitpunkt. Ich meine, es ist schlimm genug, was er sich geleistet hat. Aber du solltest ihn nur einschüchtern. Doch nicht ...« Statt den Satz zu Ende zu sprechen, warf er theatralisch die Hände empor.

Lilian nickte in ihrem Sessel, sagte jedoch nichts. Als Frau befolgte sie die Regel, Männergesprächen nur zuzuhören, sich aber nicht einzumischen. Eine Ausnahme gab es nur dann, wenn sie ausdrücklich um ihre Meinung gefragt wurde.

Dragg blieb ruhig. »Ich habe mit diesem Vorwurf gerechnet«, sagte er. »Aber ich habe Craig nicht getötet. Dass er erschlagen wurde, habe ich heute selbst erst im Radio gehört und in den Zeitungen gelesen. Ich war genauso erschrocken wie du. Als ich seine Wohnung verließ, lebte Craig nämlich noch.«

Joel starrte ihn an.

»Ist das wahr?«, stieß er verblüfft hervor.

»Ja, das ist es«, bekräftigte Dragg. »Ich habe dich niemals belogen. Das weißt du. Wenn du es verlangst, werde ich einen heiligen Eid darauf schwören, dass ich die Wahrheit sage.«

Er bekam mit, dass Lilian kaum merklich den Kopf schüttelte, als ihr Sohn zu ihr hinüberblickte.

»Nicht nötig«, entschied er daher und nippte an seinem Kaffee. Über den Rand der Tasse hinweg sah er den Pizzamann an. »Ich glaube dir. Weil ich weiß, dass du niemals aus Versehen jemanden umbringen würdest. Du hast deine Fäuste immer gut unter Kontrolle gehabt.«

Dragg nickte und lächelte dankbar. »Ich habe über die Sache nachgedacht. Der Killer muss nach mir gekommen sein. Ich hatte die Tür nur zugezogen, und Edwards war ein bisschen groggy. Deshalb konnte er nicht sofort abschließen. Ich gebe zu, dass das ein Fehler von mir war.«

»Unsinn.« Joel schüttelte den Kopf. »Wer in eine Wohnung einbrechen will, schafft das auch, wenn die Tür abgeschlossen ist. Das weißt du.«

Dragg nickte. »Wer könnte einen Grund gehabt haben, Craig zu töten? Ein Übereifriger? Einer, der bei dir Eindruck schinden will?«

Joel leerte seine Tasse und stellte sie weg. »Keine Ahnung«, sagte er. Seine Miene war abweisend. Er wusste nur zu gut, was Ronan meinte. Wenn ein Untergebener Dinge tat, die ihm nicht befohlen worden waren, dann bedeutete das, dass er, Joel Boscolo, seinen Laden nicht unter Kontrolle hatte.

»Soll ich herumhorchen?«, fragte Dragg. »Ich kriege raus, wer Craig erledigt hat. Garantiert.«

»Meinetwegen«, erwiderte der Juniorboss lahm.

Dragg sah ihm an, dass er nicht sonderlich interessiert war. Über kurz oder lang würde er sowieso aus den Medien erfahren, wer der Mörder war. Wenn das so weit war, würden ihm die Probleme über den Kopf wachsen. Dragg fühlte sich verantwortlich. Zwar war er nicht schuld am Tod des Kassierers. Aber er hatte Paul Boscolo beim ersten Besuch im Gefängnis versprochen, seinen Sohn zu beschützen. Und ein solches Versprechen würde er, Ronan Dragg, einhalten, so lange er atmete.

Er räusperte sich. »Ich möchte dich etwas fragen, Joel.«

»Schieß los«, erwiderte der Junior, nachdem er sich mit einem raschen Blick die genickte Zustimmung seiner Mutter geholt hatte.

»Ich will endlich Made Man werden«, sagte Dragg. »Ich meine, ich bin nicht unverschämt, wenn ich dir das noch einmal sage. Ich glaube, du weißt, wie viel mir daran liegt.« Er trank den Rest seines Kaffees und sah Joel erwartungsvoll an.

Der Juniorboss wandte sich seiner Mutter zu. »Möchtest du dazu etwas Grundsätzliches sagen, Mom?«

»Gern«, antwortete Lilian. Sie bedachte Ronan Dragg mit einem warmherzigen Blick. »Genau genommen bist du längst Mitglied unserer Familie, Ronan. Du weißt, dass ich auch im Sinne von Paul und Joe – er ruhe in Frieden – spreche, wenn ich das sage.«

»Aber das Entscheidende fehlt«, wandte Dragg ein. »Ich liebe eure Familie. Ich würde mein Leben für euch geben. Nur wünsche ich mir dafür nichts mehr als die letzte, wirkliche Anerkennung.«

»Ich weiß«, sagte Lilian gerührt. »Du bist etwas Besonderes – genau wie es deine Eltern waren. Erinnerst du dich, wie Joe ihnen damals die Pizzeria eingerichtet und geschenkt hat? Mit allem Drum und Dran?«

»Ich war noch zu klein zu der Zeit. Aber Mom und Dad haben es mir erzählt.«

»Dann haben sie dir auch den Grund genannt?«

»Ja. Vorher hatten sie einen Diner. Ein Rollkommando hat ihnen die komplette Einrichtung zerschlagen, obwohl sie der Familie immer pünktlich das Schutzgeld gezahlt hatten.«

»Die Kerle waren betrunken. Joe und Paul haben sie zur Rechenschaft gezogen. Und deine Eltern wurden in die Familie aufgenommen, als sie zur Entschädigung die Pizzeria erhielten. Ein absolut einmaliger Vorgang, da sie ja irischer Herkunft waren.«

»Ich weiß es zu würdigen«, entgegnete Dragg. Über

den Tod seiner Eltern sprach er nicht gern. Auf dem Heimweg von einer Bürgerversammlung waren sie in ein Feuergefecht geraten. Ein schwer bewaffnetes Kommando einer konkurrierenden Familie war in das Gebiet der Boscolos vorgedrungen. Ein Racheakt. Ronan Draggs Eltern hatten nur die Straße überqueren wollen und waren plötzlich zwischen den Fronten der gegnerischen Parteien gewesen, als diese das Feuer aufeinander eröffnet hatten.

»Du hast alles geerbt«, fuhr Lilian fort. »Das Haus mitsamt Pizzeria und Wohnung. Und du bist unserer Familie so verbunden, wie es deine Eltern waren. Obwohl du nicht italienischer Abstammung bist, soll dein Wunsch in Erfüllung gehen.«

Dragg strahlte. »Danke«, sagte er ergriffen.

»Wie du weißt, wird es eine letzte Aufnahmeprüfung geben«, sagte Lilian. »Alle bisherigen hast du mit Bravour bestanden. Und Edwards' Tod war nicht dein Fehler. Ich bin sicher, auch diese letzte Hürde wirst du mit Bravour nehmen.«

»Was für eine Prüfung wird es sein?«, fragte Dragg.

»Du erfährst es in Kürze«, ergriff Joel wieder das Wort. Sein Gesichtsausdruck war ernst. »Eins muss ich dir allerdings vorweg sagen. Wenn du Bedenken haben solltest ...«

»Bedenken? Weswegen?«

»Warte ab. Was ich sagen will, ist: Für den Auftrag, den ich dir erteilen werde, finde ich jederzeit andere, die ihn ausführen, ohne mit der Wimper zu zucken.«

»Das bezweifle ich nicht«, erwiderte Dragg verwundert. »Aber habe ich bisher nicht auch jeden Auftrag ausgeführt?«

»Das hast du«, bestätigte Joel. »Ich bin sicher, dass du

es auch diesmal tun wirst. Ich rufe dich an.« Er stand auf. Es war das Zeichen zum Abschied.

Dragg stellte keine Fragen mehr. Er wusste, dass er die Antwort erst dann erhalten würde, wenn Joel Boscolo die Zeit für gekommen hielt. Der Junior mochte seine Schwächen haben. Aber wenn seine Mutter dabei war, gab er sich so, wie er sich dann fühlte – stark und unerbittlich. Vor allem, wenn es um die Familientraditionen ging, traf Joel exakt die Entscheidungen, die Lilian sich wünschte. Sie war eine harte Frau. In den 35 Jahren ihrer Ehe mit Paul Boscolo hatte sie sich die Grundsätze ihres Mannes und ihres Schwagers genauestens eingeprägt. Es gab daher keine Frage, die sie ihrem Sohn nicht beantworten konnte.

Als Dragg die Fahrbahn überquerte und auf seinen Wagen zuging, klingelte das Handy in seiner Jackentasche.

»Ich bin's«, sagte Nancy Giannelli. »Wo bist du?«

»Ich steige gerade ins Auto.«

»Und es ist niemand bei dir?«

»Nein. Warum?«

»Komm bitte sofort zurück in den Laden.«

»Nancy, was ist los?« Er zog die Wagentür zu. Unruhe befiel ihn. Auf einmal war er froh, dass das Handy nicht schon in der Villa Boscolo geklingelt hatte. »Jetzt mach es nicht so spannend. Heraus mit der Sprache.«

Nancy senkte die Stimme zum Flüsterton. »Hier sind zwei Männer, die dich sprechen wollen. Zwei FBI-Agenten.«

Kapitel 4

»Mein Kollege und ich spielen mit offenen Karten«, sagte ich. »Wir haben das Ergebnis der Spurensicherung noch nicht, aber wir wissen schon Einiges über Edwards' Tod.«

Phil und ich saßen Ronan Dragg in seinem Büro gegenüber, an einem Tisch mit abgewetzter Kunststoffplatte. Wir hatten unsere Dienstausweise aufgeklappt und vor ihm hingelegt. Ich stellte mir vor, wie hier die Vertreter von Mehl- und Lebensmittel-Großhändlern ihre Angebote unterbreiteten und Auftragsbögen ausfüllten. Dragg hatte seine Lederjacke auf einen Garderobenständer gehängt. Er trug ein weißes T-Shirt mit dem roten Logo seines Ladens darauf. Paddy's Pizzeria.

»Wenn Sie uns also etwas sagen möchten«, nahm Phil meinen Faden auf, »wäre jetzt der richtige Zeitpunkt. Sie könnten noch Pluspunkte sammeln.«

Er runzelte die Stirn und zog die Augenbrauen zusammen. Gleichzeitig strich er mit Daumen und Zeigefinger der Linken über seinen Schnauzbart. Immer wieder. Entweder war es eine Angewohnheit, oder es handelte sich um ein Zeichen von Nervosität.

»Ich verstehe das nicht«, sagte er und schüttelte fassungslos den Kopf. »Okay, ich habe Craig gut gekannt. Aber ich kenne jeden hier im Viertel. Weshalb kommen Sie ausgerechnet zu mir?«

»Craig Edwards hat einen Hinweis auf Sie hinterlassen«, antwortete ich.

Dragg starrte mich entgeistert an. »Einen Hinweis? Was für einen Hinweis?«

»Das dürfen wir Ihnen nicht verraten. Die Ermittlungen führt das NYPD.«

»Sorry«, sagte Dragg kopfschüttelnd. »Aber da komme ich nicht mehr mit. Die Cops bearbeiten den Fall, und bei mir lassen sie sich nicht blicken. Ist ja auch logisch, weil ich nichts damit zu tun habe. Aber das FBI kommt und sagt, es gibt einen Hinweis. Von dem weiß aber das NYPD nichts, wie es aussieht.«

»Gut erkannt«, kommentierte Phil. Er warf mir einen Seitenblick zu und sah dann wieder den Pizzamann an. »Folglich gibt es eigentlich nur zwei Möglichkeiten. Entweder wir bluffen, oder wir wissen tatsächlich mehr als die Cops.«

»Wie wär's mit einer dritten Möglichkeit?«, sagte Dragg und musterte uns misstrauisch. »Sie sind gar keine FBI-Agenten.«

Ich zeigte auf unsere Dienstausweise. »Sehen so Fälschungen aus?«

Er winkte ab und lachte verächtlich. »Fälschen kann man alles.«

Ich deutete mit dem Daumen auf seinen überladenen Schreibtisch. Irgendwo dort musste sich ein Telefon befinden. »Rufen Sie unser Office an und verlangen Sie den Vorgesetzten der Special Agents Cotton und Decker.«

Abermals winkte er ab. »Ich glaube Ihnen auch so.«

»Woher der plötzliche Sinneswandel?«, sagte Phil.

Dragg zuckte mit den Schultern. »Manchmal muss man nach seinem Gefühl handeln. Ich frage mich nur, was hat das FBI mit Craigs Tod zu tun?«

»Organisiertes Verbrechen«, antwortete ich. »Dafür sind wir zuständig.«

Wir steckten unsere Dienstausweise ein.

Dragg grinste spöttisch. »Heißt das, der arme Craig war so ein ... organisierter Verbrecher?«

»Das heißt es.« Ich nickte. »Sie sagen, Sie kennen alle

Leute hier im Viertel, Mr Dragg. Dann müssen Sie doch auch wissen, wer mit der Mafia verbandelt ist.«

»Aha!«, rief Dragg. »Daher weht der Wind.« Er wedelte abwehrend mit der Hand. »Davon will ich nichts wissen. Ich bin Geschäftsmann, wissen Sie. Aus Sachen, die mich nichts angehen, halte ich mich raus.«

»In diesem Fall funktioniert das nicht«, widersprach ich. »Sie werden unsere Fragen beantworten müssen.«

»Ach. Läuft das beim FBI jetzt wie bei der CIA? Mit Folter und so?«

»Das habe ich nicht gemeint«, sagte ich scharf. »Sie werden antworten müssen, weil es in ihrem eigenen Interesse liegt. Wir werden nämlich nachweisen, dass es zwischen Ihnen und Edwards eine Verbindung gab.«

»Und welche sollte das gewesen sein?«

»Sobald wir es wissen, sagen wir es Ihnen. Nur könnte es dann sein, dass wir einen Haftbefehl mitbringen.«

»Wollen Sie mir drohen?«, begehrte Dragg auf. »Verdammt, ich bin selbst aus allen Wolken gefallen, als ich von Craigs Tod erfahren habe.«

»Aus der Zeitung«, tippte ich trocken.

»Erst aus dem Radio, dann aus der Zeitung.«

»Sie waren total überrascht«, mutmaßte Phil spöttisch.

»Ja«, antwortete Dragg. »Ob Sie es glauben oder nicht, das war ich.«

»Edwards wurde mit einem Baseballschläger erschlagen«, sagte ich. »Wir haben die Tatwaffe noch nicht.«

»Bei mir werden Sie sie nicht finden«, konterte Dragg aufgebracht. Im nächsten Moment biss er sich auf die Unterlippe.

Phil und ich lächelten. Der Pizzamann hatte begriffen, was er da gerade gesagt hatte. Niemand, der einen Baseballschläger benutzt hatte, um jemanden umzubringen, würde das Corpus Delicti mit nach Hause bringen. Jeder Müllcontainer war zur Entsorgung geeignet. Also konnte auch er es so gemacht haben. Wir gingen jedoch nicht weiter darauf ein. Der Zeitpunkt würde noch früh genug kommen.

Unsere Aussichten auf vermehrte Insider-Informationen waren gut. Phil hatte inzwischen die private Telefonnummer der Serviererin Candace ergattert. Candace Farnon. Sie studierte Psychologie im vorletzten Semester. Und sie stand zu ihrer Absicht, sich mit Phil zu verabreden.

»Wir haben vorhin in ihrem Restaurant einen jungen Mann kennen gelernt«, sagte ich. »Nicholas Coppelli, genannt Big Nick.«

»›Kennen gelernt‹ ist gut«, erwiderte Dragg, froh, dass das Gespräch in eine andere Richtung ging. »Nancy hat mir davon erzählt, eben, als ich reingekommen bin. Dem Strolch hätte ich auch gern die Ohren lang gezogen.«

Getreu dem Sprichwort: »Wenn man vom Teufel spricht ...«, steckte Nancy Giannelli in diesem Augenblick den Kopf zur Tür herein. Wir hatten sie nach ihrem Chef gefragt, als der Zwischenfall mit Big Nick vorüber gewesen war.

»Wie wär's mit einem Kaffee?«, fragte sie und sah Phil und mich an. »Oder darf ich Ihnen das nicht anbieten?«

»Doch, dürfen Sie«, antwortete ich. »Eine Tasse Kaffee liegt unter der Bestechungsgrenze.«

»Na, fein«, freute sich Nancy. »Zu meinen Gunsten spricht außerdem, dass ich Ihnen für die beiden Pizzas und das Mineralwasser den vollen Preis abgenommen habe. Also bewegen wir uns im grünen Bereich.«

»Alles total korrekt«, bestätigte Phil. »Nicht mal ein Steuerprüfer könnte daran etwas bemängeln.«

Nancy lachte und begab sich zurück in ihr Reich.

»Eine patente Frau«, sagte ich, nachdem sie die Tür geschlossen hatte. »Die Seele des Geschäfts, nehme ich an.«

Dragg nickte und lächelte stolz. »Ohne sie wäre ich arm dran.«

»Dieser Big Nick«, kehrte Phil zum Thema zurück. »Ein Einzelgänger scheint er nicht gerade zu sein. Drei Typen hatte er jedenfalls bei sich.«

»Das war wenig«, sagte Dragg. »Meist ist es eine ganze Horde, und dann haben sie auch noch ihre Girls dabei. Ehrlich gesagt, denen möchte ich nicht um Dunkeln begegnen. Richtige Mannweiber sind das. Die schlagen zu wie Kerle, wenn's drauf ankommt.«

»Big Nick ...«, wiederholte ich gedehnt, »hat der Aktien bei Ihnen? So führte er sich jedenfalls auf. Als ob er eine feindliche Übernahme plant.«

Dragg lachte. »Das macht er nur, wenn ich nicht da bin. Ich habe Nancy angewiesen, sich nicht mit ihm anzulegen. Der Bursche ist nämlich gefährlich.«

Ich dachte an mein Telefongespräch mit Craig Edwards alias Mr Jones, kurz vor seinem Tod. Seine Worte klangen mir im Ohr. Es gibt einen neuen Konkurrenzkampf. Joel Boscolo hat seinen Laden nicht im Griff. Seine Leute machen, was sie wollen. Die jüngeren gegen die älteren – und umgekehrt. Die jungen Kerle versuchen, sich einen Namen zu machen. Und das tun sie ohne Rücksicht auf Verluste. Die alte Garde dagegen hält an den Familientraditionen fest.

»Craig Edwards ist gegen elf Uhr abends gestorben«, sagte Phil übergangslos.

Dragg sah aus, als würde er zusammenzucken. Aber er hatte sich in der Gewalt. »Haben die Gerichtsmediziner das festgestellt?«, fragte er.

Phil nickte. »Wir kriegen es noch ganz genau. Aber mit elf Uhr plus minus 30 Minuten liegen wir schon ziemlich gut dran.«

»Und jetzt wollen Sie von mir wissen, wo ich gestern abend zwischen halb elf und halb zwölf war.«

»Verdächtige, die sich die Fragen selbst stellen, sind uns die liebsten«, lobte ich ihn.

Er schluckte das Wort »Verdächtige«, ohne mit der Wimper zu zucken. Bevor er antworten konnte, kam Nancy mit einem Tablett herein. Sie stellte drei Tassen, aus denen es aromatisch duftete und dampfte, zu uns auf den Tisch.

»Warum fragen Sie sie nicht?«, sagte Dragg vorwurfsvoll. »Nancy weiß immer genau, wo ich bin. Das muss einfach so sein, wenn man ein Geschäft betreibt.«

Nancy sah Phil und mich abwechselnd an. »Worum geht es?«, fragte sie, während sie das Tablett senkrecht hielt, mit beiden Händen vor dem Körper. Wir bedankten uns für den Kaffee. Dass ihre Aussage nicht viel wert war, wollten weder Phil noch ich ihr vorhalten.

Deshalb fragte ich Nancy nach dem Alibi ihres Chefs. Ich tat es mehr der Ordnung halber, damit Dragg uns nicht bezichtigen konnte, wir würden ihn vorverurteilen.

»Zwischen halb elf und halb zwölf?«, wiederholte sie. Lange überlegen musste sie nicht. »Da war er hier, im Büro. Er hat sich ordnungsgemäß bei mir abgemeldet.« Sie zwinkerte spitzbübisch. »Schließlich muss man seinen Chef unter Kontrolle haben.«

»Und was sagt das Kontrollsystem für heute Abend?«, erkundigte sich Phil.

Nancy sah ihren Arbeitgeber fragend an. Als er nickte, antwortete sie: »Er hat seine übliche Runde gemacht. Kollegen und Geschäftsfreunde besucht, die neuesten Klatschgeschichten ausgetauscht. Das gehört dazu.«

»Einmal die Woche«, bestätigte Dragg. »Man muss ja wissen, was so läuft in der Nachbarschaft.«

Ich probierte den Kaffee und gab Nancy ein anerkennendes Handzeichen. Es existierten noch andere Könnerinnen außer Helen, der Sekretärin von Mr High. Nancy bedankte sich bei mir mit einem Lächeln, nahm ihr Tablett mit und ließ uns allein.

»Gestern Abend«, sagte ich, an Dragg gewandt, »waren Sie also die ganze Zeit allein hier, im Büro?«

Er nickte. »Wenn ich den kaufmännischen Kram erledige, will ich nicht gestört werden. Aber ich weiß, was Sie sagen wollen, und sie haben Recht.« Er grinste. »In Wirklichkeit könnte ich hinten rausgegangen sein, und kein Mensch hätte es mitgekriegt.«

Mein Handy klingelte.

»Hervorragend«, sagte Phil, an Ronan Dragg gewandt. »Sie stellen sich nicht nur selbst die Fragen, sondern Sie sagen uns auch noch, wo Ihr Alibi hakt.«

»Ich bin eben ein erstklassiger Verdächtiger«, lobte er sich und grinste noch breiter.

»Ich bin's. Christine«, sagte Dr. Wallrich in mein Ohr.

»Das hört sich an als ob Sie Neuigkeiten haben«, erwiderte ich. Wir hatten uns privat verabredet, für einen dieser Abende. Sowie es unsere beiden Dienstpläne erlaubten, würden wir essen gehen. Ein Candelight Dinner. Oder etwas ähnlich Romantisches. Das stand schon fest.

»Leider habe ich noch die ganze Woche Spätschicht«, seufzte sie. »Mein Privatleben ist ein Jammertal.«

»Ich freue mich schon aufs gemeinsame Jammern«, antwortete ich.

Sie lachte, wurde gleich darauf jedoch ernst. »Ich habe Genaueres über den Toten. Craig Edwards.«

»Den Todeszeitpunkt?«

»Ja. Elf bis Viertel nach elf. Nicht vorher. Aber da ist noch mehr. Die Tatwaffe.«

»Wie vermutet?«

»Ja. Eindeutig ein Baseballschläger, nach Form und Tiefe der Schädelverletzung zu urteilen.«

»Aber das ist noch immer nicht alles«, sagte ich. »Das höre ich Ihnen an.«

»Sie werden mir unheimlich, Jerry. Kennen mich kaum und hören schon alles Mögliche aus meiner Stimme.«

»Warten Sie ab, was ich Ihnen alles an der Nasenspitze ansehe«, prophezeite ich und erntete einen forschenden Blick von Phil. Er ahnte natürlich, mit wem ich sprach.

»Du lieber Himmel«, rief Christine. »Wenn Sie auch noch Gedanken lesen können, bekomme ich wirklich Angst.«

»Nicht nötig«, beruhigte ich sie. »Aber ich vermute, Sie haben Spuren gefunden.«

»Mit denen die Kollegen von der Spurensicherung nicht aufwarten können. Zwar wurde in Edwards' Wohnzimmer gekämpft, aber außer seinen eigenen Fingerabdrücken war da nichts. Die Untersuchung der Leiche war etwas ergiebiger. Ich habe nämlich ein paar Sachen gefunden, die zu dem Pizzakarton passen könnten, den er so fest in der Hand hielt.«

Ich horchte auf. »Phil und ich sind gerade an Ort und Stelle«, sagte ich.

»Dann würde ich Ihnen empfehlen, eine Speichelprobe von dem Mann nehmen zu lassen. Unter den Fingernägeln des Toten befanden sich nämlich Hautpartikel. Bislang kann ich allerdings nur vermuten, dass sie nicht von ihm selbst stammen.«

Ich stieß einen leisen Pfiff aus. »Lässt sich damit etwas

anfangen?«, fragte ich und sah Dragg an. In seiner Miene glaubte ich zu lesen, dass ihm mulmig wurde. Über was ich redete, wusste er nicht, aber zumindest ahnte er, dass es um ihn ging.

»Ich hoffe, dass die Partikel für einen Gentest ausreichen«, fuhr die Pathologin fort. »Aber das war nicht alles. Unter seinen Fingernägeln habe ich außerdem Restspuren von Mehl, weiße Baumwollfasern und Abriebspuren von schwarz eingefärbtem Leder gefunden.«

»Hervorragende Arbeit«, würdigte ich ihren Bericht. »Damit lässt sich bestimmt etwas anfangen.«

»Ich schicke Ihnen die ausführliche Version per E-Mail. Die Laborergebnisse bekommen Sie bestimmt morgen.«

Ich bedankte mich und versprach, von mir hören zu lassen.

»Sind wir weiter?«, fragte Phil ahnungsvoll, als ich das Handy einsteckte.

»Sieht so aus«, antwortete ich einsilbig, während ich über die Möglichkeiten nachdachte, die wir hatten.

Mein Blick fiel auf den Garderobenständer.

Draggs schwarze Lederjacke hing dort.

Phil und ich hatten gesehen, wie er sie ausgezogen und hingehängt hatte. Von dem T-Shirt, das er trug, gab es wahrscheinlich eine ganze Reihe von Exemplaren. Fehlte nur noch das Mehl. Ich rieb mir das Kinn und musterte den Pizzamann nachdenklich. Vor allem brauchten wir eine Speichelprobe von ihm.

Sein Unbehagen wuchs sichtlich.

»Warum sehen Sie mich so komisch an?«, knurrte er.

»Sie sind soeben zum Hauptverdächtigen aufgestiegen«, sagte ich rundheraus.

Er erbleichte. Sah mich mit geweiteten Augen an.

»Das ist nicht möglich«, stieß er hervor. »Ich habe Craig Edwards nicht getötet. Das kann ich beschwören.«

»Beweisen wäre besser«, sagte Phil.

»Ich habe mein Alibi«, erwiderte Dragg beharrlich. »Es ist hieb- und stichfest. Das Gegenteil müssen *Sie* mir erst mal nachweisen. Im Zweifel zugunsten des Angeklagten. So ist es doch, oder?«

»Fühlen Sie sich als Angeklagter?«, fragte Phil.

Dragg starrte ihn an. »Verdammt noch mal«, brach es aus ihm hervor. »Drehen Sie mir doch nicht jedes Wort im Mund um!«

Er wurde nervös. Das konnte er nicht leugnen.

»Wie gesagt«, erklärte ich gedehnt, »wir spielen mit offenen Karten.«

»Na und?«, blaffte er mich an. »Ich habe mir nichts vorzuwerfen. Also können Sie meinetwegen auch mit verdeckten Karten spielen. Es ist mir ziemlich egal.«

Ich schüttelte den Kopf. »Das wird Ihnen nicht helfen, Mr Dragg. Ich habe eben vorab die wesentlichen Punkte aus dem pathologischen Gutachten bekommen. Es gibt jetzt zwei grundsätzliche Möglichkeiten. Entweder, wir lassen die Sache laufen, und die Kollegen vom NYPD ermitteln erst mal weiter. Die stehen dann spätestens morgen bei Ihnen auf der Matte und nehmen hier alles auseinander.«

Er wurde noch blasser. Sein Kinn sackte ab, und er bekam den Mund nicht mehr zu.

»Was, zum Teufel, heißt das?«, flüsterte er.

»Es gibt Spuren, die Sie belasten«, sagte ich. »Ernsthaft.«

»Das kann nicht sein.«

»Verlassen Sie sich darauf.«

Dragg atmete tief durch. »Und die andere Möglichkeit? Was wäre das?«

»Wir ziehen den Fall an uns. Das ist jetzt machbar, eben weil wir diese Spuren haben. Der Mord an Craig Edwards wäre dann ab sofort ein FBI-Fall, und Sie hätten das Police Department nicht mehr am Hals.«

Sein Gegenargument, dass die Cops – im Gegensatz zu uns – gar keinen Hinweis auf ihn hatten, brachte er diesmal nicht vor.

»Was habe ich denn davon, wenn es ein FBI-Fall wird?«, fragte er. »Mal abgesehen davon, dass ich Edwards wirklich nicht umgebracht habe.«

»Wir bieten Ihnen an, mit uns zusammenzuarbeiten«, antwortete ich. »Helfen Sie uns, den Mord an Edwards aufzuklären. Damit würden Sie sich auch selbst helfen.«

»Verdammt, wobei?« Er heulte fast. »Ich habe doch nichts getan!«

»Menschenskind, Dragg«, sagte ich kopfschüttelnd und ließ ihn spüren, dass mir bald der Geduldsfaden reißen würde. »Machen Sie sich doch nichts vor. Ein Mann wurde erschlagen. Dass es eine Anklage wegen Mordes geben wird, ist ja wohl klar. Denn wer geht schon mit einem Baseballschläger in eine fremde Wohnung?«

»Es steht also fest?«, entgegnete Dragg aufatmend. »Dass die Tatwaffe ein Baseballschläger war, meine ich.«

»Ja«, antwortete ich.

»Damit bin ich raus«, sagte Dragg erleichtert. »Ich habe keinen Baseballschläger. Habe nie einen besessen.«

»Abgesehen davon, dass man sich so was leihen und anschließend entsorgen kann«, sagte Phil, »gibt es weitere Spuren. Richtig, Jerry?«

Ich nickte. Er hatte schon wieder »richtig« gesagt, aber ich wollte es diesmal nicht bemängeln. Es gab Wichtigeres. Wir hatten Dragg am Haken, und wir mussten ihn zappeln lassen.

»Was soll diese Geheimnistuerei?«, brauste Dragg auf. »Vielleicht blufft ihr nur. Sie haben es selbst gesagt, Cotton. Sie brauchen einen Täter. Der wird dann der Öffentlichkeit präsentiert, und das FBI steht wieder mal bestens da. Neuer Erfolg gegen die Mafia. Solche Schlagzeilen sind gut für euer Image, stimmt's?«

»So kommen wir nicht weiter«, sagte ich. »Wir haben Ihnen ein Angebot gemacht, Mr Dragg. Wenn Sie nicht darauf eingehen wollen, können wir Ihnen nicht mehr helfen. Und was die Spurensicherung betrifft – die Ergebnisse gehen an den District Attorney. Der wird Ihnen oder Ihrem Anwalt sagen, was es ist, wenn die Laboranalysen vorliegen. Das heißt, wenn eindeutig feststeht, dass die gefundenen Spuren von Ihnen stammen.«

Draggs Blick durchbohrte mich fast. Seine Augen spiegelten die Anstrengung, mit der er nachdachte.

Ich versuchte, mich in seine Lage zu versetzen. Das war schwer, weil ich zu wenig über ihn wusste. Zumindest konnten wir davon ausgehen, dass er in Edwards' Wohnung gewesen war, auch wenn von den Beweisen wohl nur der Gentest vor Gericht Bestand haben würde – wenn die Hautpartikel wirklich von Dragg stammten. Die übrigen Spuren konnten bestenfalls als Ergänzung gewertet werden. Die Mehlsorte gab es sicherlich tonnenweise, wenn man die Herkunft bis zum Großhändler zurückverfolgte. Ähnlich verhielt es sich mit dem weißen Baumwollstoff. Diese T-Shirts waren Massenware. Und auch die schwarze Lederjacke sah nicht gerade aus wie ein Einzelstück.

»Wieso«, sagte Dragg, »soll ich mit dem FBI zusammenarbeiten, wenn ich der Hauptverdächtige bin?«

»Gerade deshalb«, erwiderte ich. »Ihnen müsste doch daran liegen, sich von dem Verdacht zu befreien. Nehmen wir mal an, der Mörder sind nicht Sie, sondern ein anderer. Wer könnte uns dann in Howard Beach besser helfen als Sie? Sie sagen doch selbst, dass Sie hier jeden kennen.«

»Ich soll den Spitzel für Sie spielen?« Dragg schüttelte heftig den Kopf. »Niemals!«

Fast hätte ich gesagt, dass wir einen Nachfolger für unseren toten V-Mann bräuchten. Aber das wäre noch zu früh gewesen. Außerdem mussten wir erst einmal herausfinden, welche Rolle Ronan Dragg wirklich spielte. Okay, er stammte von irischen Vorfahren ab. Aber das war heutzutage kein Grund mehr, nicht Mitglied der Mafia zu werden.

Craig Edwards hatte für eine Weile von der Bildfläche verschwinden wollen. Das hatte er am Telefon gesagt. Aber er hatte die Gefahr unterschätzt und zu lange gewartet. Hatte Ronan Dragg also als Handlanger der Boscolo-Familie für Ordnung sorgen sollen? Hatte er Craig Edwards alias Mr Jones zur Rechenschaft ziehen sollen?

»Ich mache Ihnen folgendes Angebot«, sagte ich. »Wir nehmen Rücksicht auf Ihr Geschäft und starten die Durchsuchung erst nach Ladenschluss.«

»Durchsuchung?«, entfuhr es ihm. Er sah mich entgeistert an.

»Wir müssen die gefunden Spuren vergleichen«, erwiderte ich. Dass wir eine Speichelprobe brauchen würden, sagte ich ihm noch nicht.

»Wann schließen Sie normalerweise?«, fragte Phil.

»So gegen Mitternacht«, antwortete Dragg, sichtlich verwirrt. Erst jetzt schien ihm bewusst zu werden, in welcher Lage er steckte.

»Gut«, sagte ich. »Vorher werden wir sowieso kein SRD-Team kriegen.« Ich nahm mein Handy aus der Tasche. »Wo kann ich ungestört telefonieren?«

Dragg deutete widerstrebend auf die Tür nach hinten. »Da ist ein Lagerraum.«

Trotz der späten Stunde erreichte ich Mr High noch im Office. Es kam oft vor, dass der Assistant Director in Charge bis in die Nacht arbeitete. Es wartete niemand auf ihn. Vor vielen Jahren hatten Gangster seine Frau und seine Tochter erschossen. Damals hatte er sein Leben dem Kampf gegen das Verbrechen gewidmet, und sein Schwur galt bis heute.

Von Mehlsäcken und Gemüsekisten umgeben, schilderte ich dem Chef den Stand der Dinge und fügte hinzu: »Ich schlage eine sofortige Durchsuchung vor, Sir – wenn das machbar ist.«

»Den 24-Stunden-Dienst gibt es auch beim Bezirksgericht Queens«, erwiderte Mr High. »Ich werde mich sofort darum kümmern. Den Durchsuchungsbefehl lasse ich Ihnen per Kurier schicken. Ein SRD-Team müsste auch zu bekommen sein. Ich melde mich wieder, sobald ich Näheres weiß. Sie werden bei Dragg bleiben, nehme ich an.«

»Ja, Sir. Bevor die Vergleichsspuren nicht gesichert sind, lassen wir ihn nicht aus den Augen.«

»Wir übernehmen den Fall also offiziell, Sir?«

»Ja. Ich verständige das Police Department, damit Detective Lieutenant Foley und seine Männer abgezogen werden.«

Ich hatte es nicht anders erwartet. Mr High wusste, dass Craig Edwards einer unserer besten V-Männer gewesen war. Allein die letzten Informationen, die er uns vor seinem Tod gegeben hatte, waren hoch brisant. Leider konnte er nicht mehr miterleben, was wir daraus machen würden.

Ich beendete das Gespräch mit dem Chef. Als ich auf die Aus-Taste drückte, war es, als hätte ich den Einschaltknopf für filmreife Hintergrund-Sounds gedrückt.

Jemand brüllte los wie ein wütender Kampfstier. Im nächsten Moment krachte und polterte es. Da kippten Möbelstücke um, keine Frage. Und ebenso offenkundig war, dass der Lärm von nebenan kam, aus Draggs Büro.

Ich schnellte los, stieß die Tür auf. Mehr als eine Zehntelsekunde brauchte ich nicht, um mir einen Überblick zu verschaffen.

Dragg musste es gelungen sein, Phil zu überraschen. Was der Pizzamann sich davon versprach, war mir allerdings ein Rätsel. Vielleicht wollte er versuchen abzuhauen.

Er hatte meinen Partner mitsamt seinem Stuhl umgestoßen. Dabei war auch der Tisch umgekippt. Phil war gerade dabei, sich aufzurappeln.

Mit erneutem Wutgebrüll stürzte sich Dragg auf ihn. In der Dauer des Atemzugs, der mir blieb, erkannte ich, dass der Mann alles andere als ein Anfänger war. Doch Phil war auch nicht gerade ein Waisenknabe, was das Kämpfen anbelangte. Und er hatte die Überraschung verdaut. Dragg bekam es zu spüren. Er wollte meinen Partner mit beiden Händen gleichzeitig packen und zu Boden rammen. Haargenau im selben Moment warf Phil sich zur Seite.

Dragg schrie auf, als er ins Leere griff und eine harte Landung hinlegte. Seine Handgelenke stauchten sich. Es war, als würde ein vollbeladenes Frachtflugzeug auf dem Fahrwerk eines Sportflugzeugs landen.

Ich schnappte ihn mir ohne Mitleid, zog ihn von Phil

weg und drehte ihn zu mir her. Ich verpasste ihm eine kurze Serie von Geraden. Jeder einzelne Hieb erschütterte ihn wie die Abbruchbirne das Mauerwerk. Verzweifelt versuchte er, eine Deckung aufzubauen, während ich ihn vor mir her trieb. Mit den schlaffen, schmerzenden Händen wollte ihm das nicht recht gelingen. Sein Schrei war in ein Stöhnen übergegangen, das bei jeder meiner Geraden aufwallte, als würde ich ihm die Lunge aus dem Leib hämmern.

Er wankte vorbei an dem Garderobenständer mit seiner Lederjacke. Ein Aktenschrank aus Stahlblech stoppte ihn. Sein Körpergewicht dellte die Türen ein, und ein Geräusch wie Theaterdonner entstand. Im Winkel meines Blickfelds sah ich Phil. Er war bereit, einzugreifen. Aber ich brauchte keine Unterstützung mehr.

Dragg gab auf. Er sackte an dem Blechschrank abwärts und hielt die schlenkernden Hände in Kopfhöhe. Es war das Zeichen seiner Kapitulation. Ich ließ meine Fäuste sinken.

»Du kannst es einfach nicht lassen«, beschwerte sich Phil. »Musst immer alle Arbeit allein machen.« Er deutete mit einer Kopfbewegung auf den Pizzamann. »Mit dem wäre ich auch fertig geworden.«

»Keine Frage«, antwortete ich und grinste, ohne den Blick von Dragg zu wenden. »Aber wenn die Hilfsbereitschaft bei mir durchschlägt, kann ich einfach nichts machen.«

Jemand öffnete langsam und vorsichtig die Verbindungstür von der Restaurantseite her.

»Was ist passiert?«, fragte Nancy. Sie schlug sich erschrocken die Hand vor den Mund, als sie den umgestürzten Tisch, das zerbrochene Kaffeegeschirr und dann ihren Arbeitgeber erblickte.

»Er hat mich verrückt gemacht«, sagte Dragg und zeigte anklagend auf meinen Partner. »Immer die gleiche Litanei: ›Geben Sie zu, dass Sie bei Edwards waren. Geben Sie zu, dass Sie bei Edwards waren.‹ Da ist mir einfach der Kragen geplatzt.«

»Tja«, sagte Phil und hob die Schultern an. »Wenn man nervös ist ...« Er ließ den Satz unvollendet. Aber jeder wusste, was gemeint war. Auch Dragg. Er presste die Lippen zusammen.

Nancy sah mich an. »Darf ich reinkommen?«

»Klar«, antwortete ich. »Wann schließen Sie?«

»Haben wir schon«, antwortete sie, während sie auf Dragg zuging. »Die letzten Gäste gehen gleich.« Sie ging neben ihrem Chef in die Knie und betastete seine Hände, als er sie hob. »Gebrochen ist da nichts«, stellte sie fest. »Da hast du aber Glück gehabt. Mein Gott, was machst du bloß für Sachen.«

Der Blick, mit dem er sie ansah, drückte mehr aus als das, was üblicherweise zwischen einem Vorgesetzten und einer Untergebenen üblich war.

»Nancy hat Recht«, sagte ich und sah Dragg an. »Was Sie sich gerade geleistet haben, war nun wirklich nicht nötig. So was tun nur die Verdächtigen in schlechten Fernsehkrimis.«

»Ich weiß«, antwortete er zerknirscht. »Tut mir leid. Wirklich. Mir sind die Sicherungen durchgebrannt. Sorry.«

»Selbst wenn wir die Sache nicht hochkochen«, erklärte Phil, »um eine Anklage wegen Widerstands gegen die Staatsgewalt kommen wir nicht herum.«

Dragg hob den Kopf. Erst sah er Nancy an, dann Phil und mich. »Und wenn ich nun Ihr Angebot annehme? Ich meine, wenn ich mit dem FBI zusammenarbeite?«

Kapitel 5

Noch nie hatte Nancy Giannelli sich in Howard Beach unsicher gefühlt. Selbst dann nicht, wenn es mal spät geworden war und sie erst um zwei Uhr morgens nach Hause gehen konnte.

Doch in dieser Nacht verspürte sie zum ersten Mal Unbehagen. Dabei war es erst halb eins, und sie war nicht einmal allein auf der Straße. Überall herrschte die aufgeladene Stimmung einer Sommernacht. Gruppen heiterer Menschen begegneten ihr auf dem Bürgersteig. Die meisten kannten sie, grüßten sie. Auf dem Cross Bay Boulevard fuhren offene Wagen. Die ausgelassenen Rufe ihrer Fahrer und Mitfahrer wehten vorüber. Auch hinter den vielen erhellten Fenstern herrschte noch Leben. HiFi-Anlagen dröhnten. Überall war Party, so schien es.

Nur ihr, Nancy Giannelli, war nicht nach Feiern zumute.

Jemand war hinter ihr her.

Das war es, was sie glaubte. Sie hatte sich ein paarmal umgedreht und war einmal sogar stehen geblieben, vor dem Schaufenster von »Nino's Ice Cream Parlor« – so, wie es die Geheimagenten in den Filmen taten, wenn sie Verfolger zu erkennen versuchten. Aber sie hatte niemanden bemerkt, der ihr verdächtig vorgekommen wäre. Nur lauter gutgelaunte Leute.

Nancy wusste nicht, was mit ihr los war.

Vielleicht lag es an den beiden FBI-Agenten. Mein Gott, wie lange hingen die jetzt schon in der Pizzeria herum! Und nun sollten auch noch Spurensicherer kommen und alles durchsuchen. Warum Ronny auf einmal mit dem FBI zusammenarbeiten wollte, verstand sie nicht. Möglich, dass er nur gute Miene zum bösen Spiel machte. Das erschien ihr noch am einleuchtendsten. Auf die Weise wurde er die G-men wahrscheinlich am ehesten los. Seine lächerliche kleine Attacke auf die Staatsgewalt würde ihn jedenfalls nicht ernsthaft in Schwierigkeiten bringen.

Wie auch immer, Ronnys neu entdeckte Freundschaft zum FBI hatte dazu geführt, dass er sie, Nancy, nach Hause geschickt hatte. Ein neuer Gedanke ging ihr durch den Kopf. Womöglich wurde sie beschattet, seit sie die Pizzeria verlassen hatte. Cotton und Decker, die FBI-Agenten, konnten das locker veranlasst haben, per Handy, ganz nebenbei.

Zum Glück hatte sie es nicht mehr weit bis zu ihrer Wohnung. Noch drei Häuser bis zur Ecke 161st Avenue. Dort rechts ab und bis zur Einmündung der 92nd Street. In dem Eckhaus hatte sie ihre Wohnung, im dritten Stock. Wahrscheinlich würde sie die ganze Nacht keinen Schlaf finden. Sie sah sich schon im Nachthemd zum Fenster tappen, um nachzusehen, in welchem Hauseingang auf der anderen Straßenseite ihre Beschatter gerade lauerten.

Sie erschauerte bei der Vorstellung. Immerhin hatte man ja gehört, dass Agenten auch Menschen entführten, um sie an einem unbekannten Ort zu vernehmen. Aber wenn es so war, was wollte man von ihr wissen? Etwas über Ronan Dragg, ihren Chef? Du lieber Himmel, sie hatte doch nur geschäftlich mit ihm zu tun. Leider. Sie seufzte. An seinem Privatleben ließ er sie nicht teilhaben. Aber das stand auf einem anderen Blatt. Warum er nicht merkte, wie sehr sie ihn vergötterte, war ihr ein Rätsel.

Noch zwei Häuser trennten sie von der Ecke.

Tiefes Motorengeräusch näherte sich auf der Fahrbahn. Deutlich hob es sich von den helleren Klängen der Roadster ab.

Ein großer Schatten glitt an ihr vorbei.

Erst als der Schatten vor ihr an der Bordsteinkante anhielt, wurde Nancy bewusst, dass der dumpf dröhnende Motor dazugehörte. Es war ein Chevrolet Avalanche, und natürlich kannte Nancy den Eigentümer. Sie erschrak.

Im selben Moment, bevor sie sich von ihrem Schreck erholen konnte, wurde die rechte Fondtür aufgestoßen,

Auch eine Filmszene, dachte sie. Gleich würde man sie in das schwarze Riesenauto zerren und verschleppen. Immer mehr Filmszenen schienen sich in ihrem Leben breitmachen zu wollen. Dabei hatte sie doch nichts getan, um das herauszufordern. Genügte es denn schon, Ronan Dragg zu kennen, um in solche Situationen zu geraten?

Es sprangen keine Kerle aus dem Wagen, um sie zu ergreifen. Stattdessen stieg Toni Randall aus, schön wie immer, aufreizend gekleidet wie immer.

Jedesmal, wenn sie Toni begegnete, fühlte sich Nancy wie ein hässliches Entlein.

Die dunkelhaarige Freundin Big Nicks konnte es sich leisten, ihren Bauch und den Nabel zu zeigen. Das weiße Top war knapp genug, um unter dem Saum genügend nackte Haut frei zu lassen. Der Bund ihrer Jeans begann tief unten, etwa dort, wo zwei Millimeter mehr die Grenze zur Erregung öffentlichen Ärgernisses bedeutet hätten. Unter dem Stretchstoff ihrer Jeans zeichnete sich das Muskelspiel ihrer Oberschenkel ab.

»Hi, Nancy«, sagte Toni katzenhaft freundlich. »Wie geht's, wie steht's?«

»Danke, bestens«, behauptete Nancy. Nur kurz spielte sie mit dem Gedanken, einfach rechts an Toni vorbei zu huschen und zu rennen.

Doch die Dunkelhaarige stand auf dem Sprung. Sie

wartete nur darauf, in Aktion treten zu können. Ihr Körper war ein einziges Muskelsystem, das auf Kampf programmiert war. Jeder in Howard Beach wusste, dass sie täglich mindestens vier Stunden im Kraftsportstudio zubrachte. Sie prahlte damit herum. Sie brüstete sich damit, jeden Kerl in die Flucht schlagen zu können.

»Wir möchten dich einladen«, fuhr Toni fort. »Nick und ich, weißt du. Eine kleine Spazierfahrt im Mondschein. Wir dachten uns, das müsste für dich die richtige Entspannung nach einem harten Arbeitstag sein.«

Nancy zwang sich mit aller Kraft, ihr innerliches Erschauern nicht zu zeigen.

»Eine wunderbare Idee«, erwiderte sie und tat begeistert. »Womit habe ich denn das bloß verdient?«

»Ist doch ganz einfach«, antwortete Toni. »Nick ist einer, dem seine Mitmenschen am Herzen liegen. Einer, der sich kümmert, verstehst du? Ich verrate dir kein Geheimnis, wenn ich sage, dass er in Howard Beach mal ganz groß rauskommen wird. Schon bald.«

»Das glaube ich auch«, erwiderte Nancy. »Ich habe schon oft gedacht, Nick ist der kommende Mann. Das sieht man ihm irgendwie an. Er hat den Mumm, Probleme anzupacken und zu lösen.«

»Das hast du schön gesagt«, lobte Toni sie. »Komm, steig ein. Wir fahren ein bisschen, reden ein bisschen. Es wird dir gut tun, mal andere Tapeten zu sehen. Du kommst doch den ganzen Tag aus eurem Laden nicht raus. Das ist doch die reinste Tretmühle.«

»Da hast du Recht. Aber andererseits ist es ja gut, wenn das Geschäft brummt.« Nancy atmete tief durch, um zu bestätigen, welche Last tagtäglich auf ihren Schultern ruhte. »Danke für die Einladung. Wohin soll's denn gehen?«

»Lass' dich überraschen. Eine Fahrt ins Blaue. Ist doch mal was Nettes, oder?« Toni wies auf die Türöffnung und das dunkle Wageninnere

»Für Überraschungen bin ich immer zu haben«, sagte Nancy und tat unternehmungslustig, als sie der Aufforderung folgte. Sie wusste, wie man mit Big Nick und seinen Leuten reden musste. Ronny hatte es ihr erklärt. Diese Typen konnten sich so richtig nett anhören, doch gleichzeitig stießen sie einem ein Messer in den Rücken.

Es war kühl im Wagen. Die Klimaanlage war für Nancys Empfinden zu niedrig eingestellt. Sie fröstelte beim Einsteigen. Aber das lag nicht nur an der Temperatur. Eigentlich war dieser luxuriöse Wagen mit seinen Ledersitzen, dem weichen Teppichboden und der samtigen Wandverkleidung eine Insel der Behaglichkeit.

Big Nicks Anwesenheit machte das alles zunichte.

Von der linken Seite der hinteren Sitzbank grinste er ihr entgegen. Die falsche Freundlichkeit in seinem feisten Gesicht jagte Nancy einen zusätzlichen Schauer über den Rücken.

Er klatschte mit der flachen Hand auf das leicht angeraute Leder des Sitzpolsters. »Extra für dich freigehalten, Baby. Was meinst du wohl, wie viele nette Boys und Girls heute Abend schon mitfahren wollten. Wer mit uns unterwegs ist, erlebt ja immer die tollsten Sachen. So was spricht sich herum. Aber wir haben nur an dich gedacht. Ist das nicht ein feiner Zug von uns?«

»O ja«, antwortete Nancy und setzte sich neben ihn. »Ich weiß die Einladung zu würdigen. Vielen Dank, Nick.« Sie hasste sich dafür, dass sie diesem Mistkerl gegenüber so schleimen musste. Aber sie hatte keine andere Wahl. Es ging nicht nur um sie, sondern auch um Ronny.

Sie stellte ihre Handtasche vor sich auf den Bodenteppich, zwischen ihre Füße. Als sie den Oberkörper aufrichtete, lag plötzlich Nicks Arm auf ihrer Schulter. Seine schwere Hand glitt wie selbstverständlich unter den Kragen ihrer Sommerjacke und unter den Rand ihres T-Shirts. Sie fühlte sich wie erstarrt und gelähmt zugleich, als sie seine Finger auf ihrer nackten Haut spürte.

Diese Finger und die dazugehörige fleischige Hand lagen einfach nur da. Es war eine Machtdemonstration, ein klarer Hinweis, der da lautete: Sieh mal, Baby, ich kann alles mit dir machen, wenn ich will. Meine Freunde und ich könnten unseren Spaß haben mit dir, aber vielleicht wollen wir das gar nicht.

Toni glitt neben sie und zog die Tür zu. Am Steuer saß Rico, ein drahtiger Junge mit kurzgeschnittenem schwarzem Haar. Das Girl auf dem Beifahrersitz hieß Jessica. Jeder im Viertel kannte ihre blonde Löwenmähne.

»Fahr los«, befahl Big Nick dem Jungen am Lenkrad.

Rico ließ den schweren Wagen anrollen. Vom Dröhnen des Achtzylinders war hier drinnen nur ein sanftes Brummen zu hören. Ohne zu blinken und ohne auf den Verkehr zu achten, zog Rico den Avalanche auf die Fahrspur. Reifen kreischten vollgebremst, aber keiner der Abgedrängten wagte es, zu hupen.

Im hereinhuschenden Licht einer Straßenlampe sah Nancy lange Lederfutterale, die schräg an den Rückseiten der Vordersitze befestigt waren. Aus den Futteralen ragten die Griffe von Baseballschlägern. Drei Stück davon steckten in jedem der Lederbehälter.

Auf Nancys Armen und Schultern bildete sich eine Gänsehaut. Sie wusste nicht, ob der Anblick der Baseballschläger oder Big Nicks Fingerkuppen auf ihrem Schlüsselbein die Ursache waren. Sehnsuchtsvoll blickte sie durch die Windschutzscheibe. Flach über dem Horizont schwebte dort ein Passagierjet mit seinen Landescheinwerfern auf Kennedy Airport zu. Nancy beneidete die Menschen in der Maschine. Bestimmt hatten sie eine Urlaubsreise hinter sich und freuten sich auf ihre Heimkehr und auf liebe Verwandte oder Freunde, von denen sie abgeholt wurden.

Nancy dagegen fühlte sich so allein wie nie zuvor in ihrem Leben. Hatte ihr noch bis vor einer Minute dieses Unbehagen zu schaffen gemacht, so hatte sie jetzt wenigstens Gewissheit.

Sie wurde entführt.

Lieber entführt werden, als sich verfolgt zu glauben, dachte sie, auch wenn die Fahrt im Atlantik endet. Innerlich lachte sie bitter über ihren Galgenhumor. Denn die berühmt-berüchtigten Betonschuhe kamen keineswegs nur in den Mafia-Filmen vor. Es war eine Methode aus der Wirklichkeit. Nur wurde sie nicht mehr so häufig angewendet, seit die Patrouillenboote der Harbor Police und der Coast Guard mit Sonargeräten ausgerüstet waren, die den Grund von Flüssen und den Meeresgrund in Ufernähe perfekt scannen konnten. Deshalb war die Mafia dazu übergegangen, ihre toten Feinde anderweitig zu entsorgen. Brachliegende Abbruchgrundstücke eigneten sich hervorragend als anonyme Gräberfelder. Erst vor kurzem hatte das FBI mitten in Queens auf so einem Grundstück Bagger eingesetzt und fünf Leichen zutage gefördert. Alles ehemalige Mobster, Opfer blutiger Konkurrenzkämpfe, die seit Jahren vermisst worden waren.

Ronny hatte ihr das erzählt. Er kannte sich aus mit der Mafia. Die ehrenwerte Gesellschaft nannte er sie oft, und wenn er darüber sprach, bekam er leuchtende Augen. Trotzdem glaubte Nancy nicht, dass er ein Gangster war.

Er bewunderte den Zusammenhalt der Sizilianerfamilien, ihre Blutsbrüderschaft und ihren überlieferten Ehrenkodex. Seine persönliche Geschichte, die Geschichte seiner Eltern und die Verbundenheit mit der Familie Boscolo spielten natürlich auch eine Rolle. Manchmal, wenn er so erzählte, hatte Nancy den Eindruck, dass ihr Chef die Mafia mehr liebte als alles andere auf der Welt.

Vielleicht hatte deshalb eine Frau auch keinen Platz in seinem Herzen.

Big Nicks Stimme war nahe an ihrem linken Ohr, als er unvermittelt sprach. »Ich nehme mal an, Nancy, als Frau von heute weißt du, auf was es im Leben ankommt.«

»Ja«, antwortete sie irritiert, weil sie nicht wusste, worauf er hinauswollte. Sie wagte nicht, den Kopf zur Seite zu wenden.

Von rechts flüsterte Toni Randall in ihr Ohr. »Hör gut zu, wenn Nick mit dir redet. Er sagt Sachen nicht gern zweimal.«

»Ja«, antwortete Nancy erneut. Ihre Stimme war auf einmal belegt. Gern hätte sie sich geräuspert, aber sie wagte es nicht, weil Big Nick es vielleicht als Unaufmerksamkeit aufgefasst hätte. Sie verachtete sich für ihre Unterwürfigkeit. Doch in dem Punkt erging es ihr nicht anders als ihren Mitbürgern im Stadtviertel.

Wie, in aller Welt, war es möglich, dass sich ein 20-jähriges Riesenbaby in Howard Beach als Tyrann aufführte und ungestraft damit durchkam? Kein Mensch wagte es, sich gegen ihn aufzulehnen – abgesehen von Leuten, die ihn nicht kannten. So, wie die Girls aus Jamaica, früher am Abend, in der Pizzeria. Sie hatten Glück gehabt, dass der FBI-Agent Cotton eingegriffen hatte. Sonst wäre die Sache wahrscheinlich übel ausgegangen, vor allem für die furchtlose Rotblonde.

»Nick ist jung und dynamisch«, fuhr Toni fort. »Was er auch anpackt, er bringt es immer genau so zum Laufen, wie er es sich vorstellt. Deshalb kann er es auf den Tod nicht leiden, wenn ihm was dazwischen kommt.«

Am Rand ihres Blickfelds sah Nancy die dunklen Augen Tonis, wie sie funkelten. Ihr Gesicht war von klassischer Schönheit, doch der Zorn in ihren Zügen machte diesen Eindruck zunichte. Genau genommen war Toni furchterregender als ihr dicker Freund.

»Toni sagt, wie es ist, fuhr Big Nick fort. »Du hast da etwas gesehen, vorhin, in der Pizzeria. Zwar waren noch ein paar andere Leute da, aber du hattest die Aufsicht. Okay, und deshalb will ich, dass du als gutes Beispiel vorangehst und die Sache aus deinem Gedächtnis streichst. Du weißt, wovon ich rede?«

»Ja«, antwortete Nancy abermals. Sie hatte Mühe, ihr aufkommendes Zittern zu unterdrücken.

»Dann sag's mir.«

Sie erschrak. »Was?«, stieß sie ungewollt hervor.

»Hab ich's dir nicht erklärt?«, zischte Toni von rechts. Ihre Hand krallte sich wie eine Klammer in Nancys Oberarm. »Du sollst zuhören, verdammt. Nick will wissen, was du gesehen hast, als dieser FBI-Bulle auf ihn losgegangen ist – von hinten, sodass er sich nicht mal wehren konnte.«

Nancy unterdrückte einen Schmerzenslaut. Tonis Griff war wie ein Schraubstock. Dennoch war sie der brutalen Frau dankbar. Immerhin hatte sie ihr einen Hinweis gegeben, in welcher Darstellung er die Geschichte hören wollte.

»Ich habe ... nur gesehen«, sagte sie stockend, »wie die beiden FBI-Agenten nach vorn gegangen sind. Und dann ist der eine plötzlich über dich, Nick, hergefallen.

Das kam so überraschend, dass du gar nichts machen konntest.«

»Gut beobachtet, Nancy«, lobte er sie. Seine Fingerkuppen strichen über ihre nackte Haut unter dem T-Shirt. »So hat es sich abgespielt. Weißt du, es war Misshandlung, was dieser Kerl sich geleistet hat. Dafür könnte ich ihn rankriegen. Aber das wäre Zeitverschwendung, und außerdem würde nichts dabei herauskommen. Also vergessen wir die ganze Sache. Ich will, dass nicht mehr darüber geredet wird. Verstanden?«

»Ja, natürlich. Ich habe sowieso schon kein Wort mehr darüber verloren. Aber wenn andere darüber reden ...«

»Das kannst du nicht kontrollieren«, erwiderte Big Nick gönnerhaft. »Völlig klar. Aber sobald dich jemand deswegen anspricht, wirst du ihn darauf hinweisen, dass das Thema Vergangenheit ist. Klar? Es geht um meine Autorität hier in Howard Beach. Die kann ich mir doch nicht von so einem hergelaufenen FBI-Schnösel kaputtmachen lassen.«

»Nein«, antwortete Nancy ernsthaft. »Das geht auf keinen Fall.« Innerlich erschrak sie über ihre Worte.

Denn Big Nick und Toni hätten es als Spott auffassen können. Doch sie kamen beide nicht darauf, waren viel zu sehr auf ihren Grimm konzentriert. Howard Beach war ihnen wichtig. Auf ihre Weise. Was das betraf, wollten sie sich von niemandem ins Handwerk pfuschen lassen. Toni ließ Nancys Arm los. Nur Nicks Hand blieb, wo sie war.

Rico beschleunigte den Avalanche, als sie den Uferpark hinter sich ließen und die Jamaica Bay erreichten. Ein ausgedehnter Flickenteppich von Marschlandinseln füllte die riesige Wasserfläche südwestlich des John F. Kennedy International Airport. Der Cross Bay Boulevard führte als Hochstraße über Wasser und Inseln. Eine von ihnen, die Big Egg Marsh, war mit einem Wohngebiet bebaut. Die Südseite der Bucht wurde von der langgezogenen Halbinsel Rockaway begrenzt.

Ein startender vierstrahliger Jet stieg mit donnernden Triebwerken in den Nachthimmel auf. Wieder verspürte Nancy die Sehnsucht nach Freiheit und Grenzenlosigkeit. Dabei wusste sie, dass sie eine Gefangene sein würde, solange Big Nick es wollte.

Rico fuhr bis an die Atlantikseite der Halbinsel, auf einen Parkplatz am Boardwalk. Über die hölzerne Uferpromenade hinweg waren die Schaumkronen der Brandung auszumachen. Promenade und Strand wurden von Lampen an hohen Masten erhellt. Um die Bänke an der Strandseite der Promenade herum hatten sich kleine Menschentrauben gebildet. Bierdosen, Weinflaschen und Joints kreisten, und Gelächter scholl herüber, als Rico den Motor ausstellte.

»Romantisch hier, nicht wahr?«, sagte Big Nick schwärmerisch und sah Nancy grinsend von der Seite an. »Stell dir bloß mal vor, wir beiden Hübschen wären jetzt ganz allein hier.«

»He!«, rief Toni. »Was soll das, Mann? Denkst du, du kannst mich eifersüchtig machen?«

Rico und Jessica kicherten auf den Vordersitzen.

»Gib's ihm, Toni«, rief Jessica. »Lass dir so was nicht bieten.«

»Keine Sorge«, sagte die Dunkelhaarige großspurig. »Er kennt seine Grenzen. Wenn er die vergisst, weiß er, was ihm blüht.«

»Jetzt würde ich aber Angst kriegen«, sagte Rico und drehte sich feixend zu Big Nick um.

»Hab ich schon«, antwortete der Schwergewichtige

glucksend. »Meine Knie sind ganz weich. Gut, dass ich sitze, sonst könnte ich nicht stehen.«

Alle lachten pflichtschuldig, wussten sie doch, dass er alberne Wortspiele dieser Art liebte.

Nancy spürte wieder seine Fingerkuppen, die sie nun streichelten.

Toni schien es mitzubekommen. »Komm zur Sache, Nick«, verlangte sie grob. »Die Romantik kannst du dir für nachher aufheben, wenn wir beide unter uns sind.«

Diesmal verkniffen sich Rico und Jessica ihr Kichern. Für Toni war der Spaß vorbei, das spürten sie. Und erstaunlicherweise zeigte sich Big Nick folgsam.

»Wir haben uns diese nette Umgebung ausgesucht«, sagte er zu Nancy, »weil es sich an so einem Ort leichter redet. Eigentlich ist es gar nicht viel, was wir zu besprechen haben, aber wir wollen ja nichts übers Knie brechen.«

»Gleich reicht's mir«, drohte Toni. »Ich meine, mit Samthandschuhen brauchst du sie nun auch nicht anzufassen.«

»Okay, okay«, beeilte sich Big Nick. »Es geht um Folgendes, Nancy. Du kommst doch mit Ronny gut zurecht, stimmt's? Ich meine, als Chef hast du ihn doch im Griff, oder?«

Alle lachten wieder.

»Na ja ...«, erwiderte Nancy verlegen.

»Also, du hast ihn im Griff«, folgerte Big Nick. »Nur ins Bett hast du ihn noch nicht gekriegt, was?«

Nancy errötete. »Muss ich darauf antworten?«

Diesmal war es Big Nick, der am lautesten lachte. »Himmel, nein«, rief er dröhnend. »Es ist nur ganz schön komisch, weißt du. Jeder mit funktionierenden Augen im Kopf sieht, dass er dich am liebsten mit Haut und Haaren verschlingen würde, und du kriegst es nicht mit. Jeder sieht außerdem, dass du ganz verdammt scharf auf ihn bist, aber er kriegt es nicht mit. So was von Trotteligkeit hat die Welt noch nicht gesehen.«

»Ist das wahr?«, hauchte Nancy, mittlerweile dunkelrot im Gesicht.

»Ist es. Verlass dich drauf.« Big Nick wurde ernst. »Jedenfalls hast du jetzt Gelegenheit, mal richtig ranzugehen. Natürlich nicht zu auffällig.« Seine harten Finger massierten die Haut in ihrer Halsbeuge. »Er muss so ahnungslos bleiben wie er ist. Verstehst du?«

»Ich weiß nicht«, erwiderte Nancy unsicher.

»Na, ist doch ganz einfach, Baby«, erklärte Big Nick, indem er die linke Hand hochwarf. »Du hast doch mitgekriegt, dass Ronny und diese FBI-Typen dauernd die Köpfe zusammenstecken. So weit klar?«

»Ja«, antwortete Nancy folgsam.

»Na, fein. Jetzt musst du nur noch rauskriegen, was die dauernd zu palavern haben. Könnte ja sein, dass er denen alle möglichen Informationen flüstert.«

»Zum Beispiel darüber«, kicherte Toni, »was für ein Schweinehund Mr Nicholas Coppelli ist.«

»Zum Beispiel«, bestätigte Big Nick. »Verstehst du, wie der Hase laufen soll, Nancy?«

»Ich glaube, ja.«

»Wunderbar. Du bist ab sofort meine Informantin. Du erzählst mir ...«

»Oder mir«, warf Toni ein.

»... alles, was du über Ronny und seine FBI-Amigos mitkriegst. Aber du rufst uns nicht an. Wir treffen uns jeden Abend – ungefähr so wie heute. Dann erzählst du kurz, was den Tag über gelaufen ist, und schon kannst du nach Hause gehen und dir einen schönen Abend machen.«

»Du fragst dich natürlich, was für ein Druckmittel wir haben«, sagte Toni kalt. »Wenn man Forderungen hat, muss man sie ja auch irgendwie durchsetzen können, nicht wahr?«

Nancy konnte nur nicken. Sie brachte kein Wort mehr hervor.

»Deine Eltern sind noch ganz gut drauf, stimmt's?« Toni zwinkerte ihr zu. »Sie haben noch immer ihre Wohnung in Flatbush, Brooklyn. Den beiden geht's gesundheitlich ganz gut, wie man hört. Dabei soll es doch bestimmt auch bleiben, was, Nancy?«

Nancy war wie erstarrt. Sie hatte das Gefühl, sich nicht mehr bewegen zu können. Selbst eine Viertelstunde später, als sie vor ihrer Wohnung abgesetzt wurde, kam sie sich vor wie eine Gliederpuppe mit staksigen, ungelenken Schritten.

Moon Su-dae war 19, und ihr freundliches Wesen erfüllte Paddy's Pizzeria mit einer positiven Stimmung, ohne dass sie ein Wort sagen musste. Es war ihr Lächeln, das buchstäblich den Sonnenschein hereintrug.

Ronan Dragg ließ Nancy und die Abrechnungen vom Vorabend allein und ging Su-dae entgegen. Nancy war seltsam einsilbig, und sie wirkte geistesabwesend. Vielleicht machte sie sich Sorgen wegen der FBI-Ermittlungen. Seit der Durchsuchung gestern Abend hatte er noch nichts wieder gehört. Auch die Speichelprobe hatte er ordnungsgemäß abgeliefert.

Bei seiner Aussage war er geblieben. Er hatte Craig Edwards nicht ermordet. Was das betraf, sagte er schließlich die Wahrheit. Nur wenn sie ihm unwiderlegbar nachwiesen, dass er in Craigs Wohnung gewesen war, würde er es zugeben. Im Übrigen hatten Cotton und Decker sein Angebot angenommen. Er würde mit ihnen zusammenarbeiten. Jedenfalls hatte er das erst einmal angeboten, um Zeit zu gewinnen.

Das Ziel der FBI-Agenten war klar. Sie brauchten von ihm Informationen, um einerseits den Mord an Craig Edwards aufzuklären. Andererseits ging es darum, Joel Boscolo als Auftraggeber des Mörders zu überführen. Das war das wichtigste Ziel des FBI, so vermutete Dragg. Wenn es ihnen gelang, auch den Junior ins Gefängnis zu stecken, nun, dann hatten sie die Familie praktisch vollständig zerschlagen.

Das konnte er, Ronan Dragg, natürlich nicht wollen. Aber er rechnete sich aus, als eine Art Doppelagent auftreten zu können. Einerseits würde er die G-men mit belanglosen Informationen füttern, andererseits würde er Joel über die Pläne des FBI unterrichten.

Dragg verscheuchte die Gedanken. Es fiel ihm leicht, denn die junge Besucherin ließ ihn schlagartig alle Sorgen vergessen.

Es war zwölf Uhr mittags. In der Backstube und am Tresen hatte die Arbeit begonnen. Der Duft von Oregano und frischem Hefeteig wehte herüber.

»Hi, kleines Mädchen«, rief Dragg. So nannte er Sudae, seit ihre Eltern vor fünf Jahren Danny's Deli übernommen hatten. Schon damals, als Zehnjährige, hatte er sie in sein Herz geschlossen. Ihre Lebensfreude und ihr sanfter Charakter hatten ihn von Anfang an verzaubert.

»Hi, Uncle Ron«, antwortete sie strahlend und lief auf ihn zu, wie sie es bereits als Kind getan hatte.

Sie war schlank und sportlich, trug leichte Leinenschuhe, Jeans und einen weißen Sommerpullover. Schwarz und kurzgeschnitten umrahmte das Haar ihr zartes Gesicht mit den ausgeprägten Wangenknochen und den mandelförmigen Augen.

Er schloss sie in die Arme, und sie lachte und schmiegte sich an ihn. Stets war sie wie eine Tochter für ihn gewesen. Ihre Familie war ihr eigene Welt, erfüllt von koreanischen Tugenden, nach Amerika verpflanzt. Er, Uncle Ron, war so etwas wie Su-daes zweite Familie und zugleich die Verbindung zur amerikanischen Welt der Erwachsenen.

»Seit wann bist du zu Hause?«, fragte er, erfasste ihre Schultern und schob sie auf Armlänge von sich, um sie anzusehen. »Mein Gott, du wirst von Mal zu Mal hübscher. Wenn das so weitergeht, werde ich bald nicht mehr wagen, dich anzusprechen. Und dein armer Vater tut mir leid. Ich werde ihm helfen müssen, dich vor all den jungen Kerlen zu beschützen, die hinter dir her sein werden.«

»Uncle Ron«, erwiderte sie verschmitzt, und gespielt vorwurfsvoll fügte sie hinzu: »Du springst schon wieder von einem Thema zum anderen. Habe ich dir nicht gesagt, dass man sich auf eine Sache zur Zeit konzentrieren sollte?«

»Ja, hast du«, gab er schmunzelnd zu. »Aber du warst nicht oft genug da, um es mir einzuhämmern.«

»Das wird sich jetzt ändern. Ab sofort. Ich war schon gestern Nachmittag zu Hause, aber ich musste mich erst mal von der Abschlussfeier erholen. Die war ganz schön heftig, sage ich dir.«

»Wenn jemand einen Grund zum Feiern hatte, dann du.«

»Dad hat schon wieder alles erzählt, nicht wahr?« Sie verdrehte die Augen.

»Klar hat er das. Ist doch normal. Wenn ein Mann eine Tochter hat, die die High School als Jahrgangsbeste abschließt, dann muss er das hinausposaunen. Außerdem hat es ja auch in der Zeitung gestanden. Ich habe mir das Bild und den Text ausgeschnitten. Schön, wie der Direktor dir die Urkunde überreicht.«

»Fehlt noch, dass du es einrahmst und an die Wand hängst«, lachte Su-dae.

»Warum denn nicht?« Dragg drückte sie noch einmal an sich, um sie dann loszulassen. »Und jetzt bleibst du erst mal zu Hause, wie ich erfahren habe.«

Su-dae nickte ernsthaft. »Mindestens ein Jahr, vielleicht zwei. Bei Mom und Dad im Laden will ich alles über den Einzelhandel lernen. Und dann fange ich mit dem Studium an.«

»Wirtschaftswissenschaften.«

»Ja, genau.«

»Wie wär's mit ein bisschen Gastronomie, zusätzlich zum Einzelhandel?« Dragg legte die Handflächen aneinander und schwärmte: »Du hier im Restaurant, und der Umsatz würde sich verdreifachen.«

»Uncle Ron, du übertreibst mal wieder maßlos.« Su-dae hielt sich die Hand vor den Mund und prustete vor Vergnügen. »Übrigens habe ich eigentlich Dad mitgebracht.« Sie drehte sich um.

Moon Chung-hee stand noch draußen vor dem Eingang, in ein Gespräch mit dem Friseur von nebenan vertieft. Nicolae Antonescu war ein großer schwarzhaariger Mann, der seine Worte mit temperamentvollen Handbewegungen unterstrich.

Dragg lächelte. »Dein Dad verhandelt mit deinem künftigen Schwiegervater. Könnte schwierig werden. Koreaner und Rumänen haben bestimmt total unterschiedliche Vorstellungen von Mitgift.«

»Mitgift!«, rief Su-dae. »Was für ein Wort, Uncle Ron.

Erstens gibt es so was gar nicht mehr. Und zweitens habe ich nicht vor, zu heiraten. Ich will Karriere machen, verstehst du?«

»Ja, schon. Aber was ist mit Michael? Liebst du ihn denn nicht?«

Su-dae lächelte mild. »Uncle Ron, zerbrich dir darüber nicht den Kopf. Ja, ich liebe ihn. Aber das ist noch lange kein Grund, ihn zu heiraten.«

»Früher wäre es ein Grund gewesen«, seufzte er.

»Klar, das verstehe ich. Aber wir leben heute, und da sind die Dinge ein bisschen anders.«

»Sicher.« Er nickte und strich ihr sanft über den Arm. »Du wirst deinen Weg gehen, Su-dae, das weiß ich.« Dragg räusperte sich, um die aufkommende Rührseligkeit zu überwinden. »Also dann, möchtest du dich an deinem künftigen Zweitarbeitsplatz schon mal umsehen?«

Su-dae lachte wieder. »Das muss ich mir erst noch überlegen. Nein, stell dir vor, ich bin hier, um eine Pizza-Bestellung aufzugeben.«

»Warum denn das?«, staunte Dragg. »Ich meine, ich freue mich über jede Bestellung, aber deine Mom ist doch eine tolle Köchin.«

»Heute müssen wir auf ihre Kochkünste verzichten. Sie ist nämlich im Hospital geblieben, um sich mal selbst verarzten zu lassen. Du weißt, sie hat diese Rückenprobleme. Sie lässt sich gründlich durchchecken, mit Kernspintomographie und allem Drum und Dran. Das muss einfach sein. Und damit wir nicht verhungern, sind wir hier.«

»Kluge Idee. Und deinen Dad hast du mitgebracht, damit er dir tragen hilft.«

»So ist es. Shin-cho passt solange auf den Laden auf.«

Dragg überbrachte seinen Pizzabäckern die Bestellung.

Währenddessen plauderte Su-dae mit Nancy, und kurz darauf gesellte sich auch Moon Chung-hee zu ihnen. Der stämmige Inhaber des Lebensmittelladens hatte seine weiße Schürze gegen ein Jackett ausgetauscht und sah so adrett aus wie es die Nachbarn von ihm gewohnt waren.

Su-dae hatte den sympathischen Charakter von ihrem Dad geerbt. Von der Backstube aus sah Dragg, dass Nancy in der Gesellschaft Chung-hees und seiner Tochter erkennbar auftaute. Jeder mochte die Familie Moon. Deshalb, und weil alle Familienmitglieder hart arbeiteten, war Danny's Deli ein florierendes kleines Unternehmen geworden.

Ronan Dragg bewunderte die Moons. Sie vollbrachten phantastische Leistungen, und es war eine Freude, Zeuge ihres Erfolgs zu sein.

Chung-hee war ein hervorragender Kaufmann und ein Vorbild, was Energie und Geschäftssinn betraf. Fernseh-Teams hatten Reportagen über ihn gedreht, weil er bewiesen hatte, dass ein kleiner Lebensmittelladen für die Nachbarschaft genauso seine Existenzberechtigung hatte wie ein Supermarkt.

Eun-kyung, Chung-hees Frau, stand ihm als Vorbild gegenüber den beiden Kindern in nichts nach. Sie erledigte den Haushalt, half im Laden mit und arbeitete an vier Tagen in der Woche als Nachtschwester im Jamaica Hospital Medical Center am Van Wyck Expressway. Dort war sie an diesem Morgen nach Ablauf ihrer Nachtschicht geblieben, um ihren schmerzenden Rücken untersuchen zu lassen.

Shin-cho war Su-daes kleiner Bruder. So nannte sie ihn noch immer, weil er zwei Jahre jünger war als sie. Dabei war er ein muskelbepackter Brocken von einem Kerl, der in der Footballmannschaft seiner High School als Quarterback spielte. In der Freizeit, die ihm die Schule ließ, arbeitete er ebenso selbstverständlich im Laden seiner Eltern mit, wie es Su-dae während ihrer Schulzeit getan hatte.

Ronan Dragg setzte sich mit Chung-hee und seiner Tochter an einen Tisch in der Nähe der Kasse und spendierte eine Runde Cappuccino. Nancy erledigte unterdessen die Buchführung des vergangenen Tages und nannte ihrem Chef die Umsatzziffern für die einzelnen Warengruppen. Vor den Nachbarn gab es keine Geheimnisse. Von Zeit zu Zeit, wenn sie beim Sortieren der Buchungsposten auf dem Bildschirm eine Pause machte, spürte Dragg, wie Nancy ihn prüfend ansah – als ob sie irgendeine Veränderung an ihm festzustellen hoffte.

Er würde mit ihr sprechen müssen. Ganz ernsthaft. So, wie bisher, konnte es nicht weitergehen. Vielleicht, wenn er sie bat, heute nach Feierabend noch etwas zu bleiben – vielleicht würde er dann in der Lage sein, ihr seine Gefühle zu offenbaren. Er musste es ganz einfach tun. Es durfte keinen Aufschub mehr geben. Denn es tat ihm höllisch weh, sie in ihrer heutigen Stimmung zu sehen.

Er fühlte sich schuldig daran.

Sie machte sich Sorgen um ihn, ganz klar. Erst lehnte er sich gegen die FBI-Agenten auf, und dann machte er gemeinsame Sache mit ihnen – scheinbar. Wie, in aller Welt, sollte Nancy das verstehen? Da musste sie ja denken, dass irgendetwas nicht stimmte.

Auf einmal verspürte er den dringenden Wunsch, ihr alles über sich zu erzählen. Alles über seine Liebe zur Familie Boscolo und alles über die verschiedenen Dienste, die er ihr erwiesen hatte. Natürlich würde er

Nancy dann, wenn er genug Mut gefasst hatte, auch über seine ersehnte Vollmitgliedschaft berichten.

Nachdem die Pizza-Pakete für die Familie Moon fertig waren, brachte Dragg den Nachbarn und seine Tochter zur Tür. Anschließend ließ er sich eine Minestrone geben und zog sich zur Mittagspause in sein Büro zurück. Nancy blieb im Laden, wie üblich. Später würde er sie ablösen. Die ersten Gäste waren mittlerweile erschienen, aber es herrschte bei weitem nicht der Andrang wie an den Abenden.

Dragg überlegte, ob er Nancy nicht schon jetzt zu sich bitten sollte. Ausnahmsweise würden die Serviererinnen auch allein klarkommen. Er hatte die Suppentasse mit der Minestrone vor sich auf den Schreibtisch gestellt. Nun überlegte er nicht länger und schob sie entschlossen zur Seite. Er streckte die Hand nach dem Hörer des Telefons aus und zuckte zurück, als es klingelte.

Ärgerlich nahm er ab.

»Ein Gespräch für dich«, sagte Nancy kurzangebunden.

»Wer ist es?«

»Kein Unbekannter.«

»Hör mal, Nancy, was ist los? So bist du doch sonst nicht. Wenn es niemand mithören soll, kannst du mir nicht wenigstens die Anfangsbuchstaben ...?«

»Ich stelle das Gespräch jetzt durch«, unterbrach sie ihn, und es knackte in der Leitung.

Dragg konnte sich gerade noch zusammenreißen, um nicht laut zu fluchen.

»Hallo?«, sagte der Anrufer.

Das eine Wort genügte Dragg, um die Stimme zu erkennen.

Joel Boscolo.

»Ja, ich bin's«, sagte Dragg.

»Warum sitzt du in deiner Bude? Schnapp mal ein bisschen frische Luft, das wird dir gut tun.«

Abermals knackte es in der Leitung. Joel hatte aufgelegt.

Widerstrebend machte sich Dragg auf den Weg. Er nahm den Hinterausgang, und als er den Durchgang zur 92nd Street verließ, stand er unmittelbar neben einer großen schwarzen Limousine. Ein Lincoln Town Car, das Vornehmste von Ford. Durch die schwarz getönten Scheiben war nicht zu erkennen, ob jemand drin saß.

Dragg sah sich um. Auf den Bürgersteigen, in der Nähe, war niemand. Aber er konnte nicht ausschließen, dass er aus den Wohnungsfenstern beobachtet wurde. Er schüttelte seine Bedenken ab. Es war Joels Risiko, nicht seins. Joels Vater und vor allem sein Onkel hätten ein Treffen an diesem Ort nicht riskiert – noch dazu bei Tageslicht. Mit ihnen hätte man sich verabreden müssen, an einem sicheren Treffpunkt.

Es war nicht das erste Mal, dass Joel sich diesen Leichtsinn leistete. Deshalb öffnete Dragg unaufgefordert die Fondtür und stieg ein. Er war es so gewohnt. So hatten sie es vereinbart.

Die Trennscheibe zum Fahrer war geschlossen.

Joel hatte die eingebaut Bar geöffnet und nippte an einem Bourbon, den er gerade eingeschenkt hatte. Die Eiswürfel knackten noch.

»Auch einen?«, fragte er, als Dragg sich ihm gegenüber setzte, mit dem Rücken zur Fahrtrichtung.

»Nein, danke«, erwiderte der Pizzamann.

Joel nahm den Hörer der Sprechanlage und sagte: »Fahr los, Melvin.«

Ohne Rucken setzte sich die schwere Limousine in Bewegung und glitt wie auf Samtpfoten über die brüchige Fahrbahn. Die Luftfederung schluckte selbst Schlaglöcher, ohne dass im Wageninneren etwas davon zu merken war. Melvin lenkte den Lincoln zwei Blocks weiter auf den Cross Bay Boulevard und fuhr dann in gemächlichem Tempo stadteinwärts.

»Ich bin gekommen, um dir die Bedingungen mitzuteilen«, sagte Joel. »Du weißt schon, die Bedingungen für deine Aufnahmeprüfung.«

»Wunderbar«, antwortete Dragg erfreut. Der Zeitpunkt, dem Junior wegen der FBI-Angelegenheit reinen Wein einzuschenken, war noch nicht gekommen. Wenn er erst mal Vollmitglied war, sah die Sache ganz anders aus. Dann würde Joel wissen, dass er sich voll und ganz auf ihn verlassen konnte.

»Du erinnerst dich, was ich über den Auftrag gesagt habe?«

»Aber ja«, antwortete Dragg. »Du findest jederzeit andere, die den Job ausführen, ohne mit der Wimper zu zucken.«

»Du hast es dir gut gemerkt«, lobte ihn Joel. »Nun, ich habe noch ein bisschen darüber nachgedacht. Das Ergebnis ist: Ich werde den Auftrag als Wettbewerb vergeben. Das heißt, ich warte nicht erst ab, wie du es anpackst, sondern ich erteile den Auftrag gleichzeitig dir und einem – sagen wir – Mitbewerber. Der Bessere und Schnellere gewinnt.«

»Und wird Made Man?«, folgerte Dragg enttäuscht. »Nur der Sieger kriegt die Vollmitgliedschaft?«

»So ist es«, bestätigte Joel. »Auf die Weise erreiche ich, dass sich beide Aspiranten ordentlich anstrengen.« Er trank einen Schluck Whiskey und beugte sich vor. »Du willst doch nicht etwa einen Rückzieher machen?«

»Himmel, nein«, antwortete Dragg rasch.

»Also gut.« Joel lehnte sich zurück. »Dann hör gut zu. Du kennst dich aus in Howard Beach. Du weißt, wie unser Stadtviertel sich in den letzten Jahren entwickelt hat. Du weißt, wie es früher aussah und wie es heute aussieht. Der Cross Bay Boulevard ist sozusagen unsere Hauptstraße.«

»Ein Spiegelbild unseres Viertels«, sagte Dragg.

»Bravo!«, rief sein Gegenüber. »Besser könnte ich es auch nicht ausdrücken.« Nach einem Schluck Bourbon fuhr er fort. »Warst du mal in Manhattan – in Little Italy?«

»Ja, aber es ist schon eine Weile her.«

»Okay, du hast sicher in den Zeitungen gelesen, was da drüben los ist.«

»Nicht mehr viel, eigentlich.«

»Du sagst es. Die italienischen Clubs wurden alle geschlossen. Nur ein paar italienische Restaurants gibt es noch, hauptsächlich wegen der Touristen. Aber das Entscheidende sind die Einwohner. Früher hieß Little Italy so, weil da fast ausschließlich Leute wohnten, die ihre Wurzeln in der Heimat meiner Vorväter hatten. Das ist Geschichte. Leider. Heute sind die jungen Leute weggezogen und die Alten ausgestorben. Und wer hat ihre Wohnungen übernommen? Ihre Häuser?«

»Chinesen.«

»Genauso ist es«, entgegnete Joel grimmig. »Chinatown schluckt Little Italy. Das ist leider eine Tatsache. Und so eine gottverdammte Tatsache werden wir hier in Howard Beach nicht hinnehmen.«

»Natürlich nicht«, beeilte sich Dragg zu antworten. Vorsichtig fügte er hinzu: »Aber wir haben doch kaum Chinesen bei uns.«

Joel stellte sein Glas in den Getränkehalter der Bar und sah Dragg aus schmalen Augen an.

»Du hast Recht. Nur, wo keine Chinesen sind, da sind andere, die sich breit machen. Sieh dich doch mal um auf dem Cross Bay Boulevard. Was hat sich da nicht alles häuslich niedergelassen.«

»Aber das sind doch alles ordentliche ...«

»Red' nicht weiter«, unterbrach ihn Joel mit einer energischen Handbewegung. »Denk lieber nach. Ich will, dass der Cross Bay Boulevard die Hauptstraße von Howard Beach bleibt. Und deshalb soll diese unsere Hauptstraße so aussehen wie sie immer ausgesehen hat. Mit italienischen Restaurants und Läden von vorne bis hinten.«

»Und einer irischen Pizzeria«, konnte Dragg sich nicht verkneifen zu sagen.

»Das ist was anderes, das weißt du ganz genau. Die Iren sind unsere Freunde. Deine Familie ganz besonders. Früher war das mit Italienern und Iren mal anders, okay. Aber das ist ja nun schon eine Ewigkeit her. Zwanzigerjahre, würde ich sagen.«

»Klar«, erwiderte Dragg und winkte ab. »Aber was genau ist nun meine Aufgabe?«

»Irgendwo müssen wir mit dem Aufräumen anfangen«, antwortete Joel. »Also machen wir es da, wo du dich am besten auskennst.«

»Aufräumen?«, echote Dragg stirnrunzelnd. »Und der andere? Mein Mitstreiter? Was macht der?«

»Das Gleiche wie du. Nur auf seine Weise. Wie gesagt, am Ende sehe ich, wer von euch beiden besser ist.«

Dragg wagte nicht, diese Entscheidung zu kritisieren. Es konnte ja sein, dass ihm das schon einen Punktabzug gebracht hätte.

»Okay«, sagte er. »Was ist es?«

»Deine Nachbarschaft«, antwortete Joel. »Diese Koreaner. Die sind eine Plage. Deshalb müssen sie als erste weg.

Wie du es machst, ist mir egal. Du kannst sie überreden oder sonstwie überzeugen. Oder du kannst ihnen die Bude abfackeln. Irgendwas in der Art. Hauptsache, sie sind möglichst schnell weg. Für immer.«

Der Schock traf Ronan Dragg wie ein Hammerschlag.

Kapitel 6

»Tut mir leid«, sagte John D. High, Assistant Director in Charge und Leiter des FBI Field Office New York.

Mr High war unser direkter Vorgesetzter, und in dieser Funktion hatte er eigentlich nie einen Grund gehabt, sich bei Phil und mir zu entschuldigen. Schon gar nicht dafür, dass er uns zu einer Dienstbesprechung bat und uns von Helen, seiner Sekretärin, mit einer Tasse ihres meisterhaft gebrauten Kaffees versorgen ließ.

So gesehen, gehörten Termine beim Chef für uns zu den angenehmen Seiten des Berufs.

»Ich weiß, Sie könnten Ihre Zeit besser nutzen«, erklärte er. »Aber Mr Homer wünscht ...«, er hob einen Mailausdruck auf und zitierte den genauen Wortlaut, »einen Sachstandsbericht über die Ermittlungen im Mordfall Craig Edwards nach persönlicher Rücksprache mit den ermittelnden Agenten.«

Phil und ich sahen uns an.

»Seit wann interessiert Washington sich für das Schicksal unserer V-Männer?«, fragte mein Partner verdutzt.

»Seit Mr Homer darauf gekommen ist«, antwortete der Chef. Einen weiteren Kommentar gab er nicht ab.

Trotzdem waren wir überzeugt, dass ihn die Entscheidungen seines Vorgesetzten im FBI-Hauptquartier Washington DC gelegentlich nervten. Edward G. Homer war der Leiter der Field Operation Section East und somit auch weisungsbefugt für das Field Office New York.

»Wir haben gerade eben die Vorabinformation über den Abschlussbericht der Spurensicherung erhalten«, sagte ich.

Mr High faltete die schlanken Hände auf der Schreibtischplatte und sah mich forschend an. »Was gefällt Ihnen daran nicht, Jerry?«

So war das eben, wenn man lange zusammenarbeitete. Der Chef konnte an meinem Gesicht ablesen, in welcher Stimmung ich mich gerade befand.

»Die Speichelanalyse hat keinen Erfolg gebracht«, antwortete ich. »Das Fundmaterial, also die Hautpartikel unter den Fingernägeln des Toten, reichten für die Analyse nicht aus.«

»Also war kein Vergleich möglich«, folgerte John D. High. »Und daher gibt es keinen schlüssigen Beweis dafür, dass Ronan Dragg vor seinem Tod Kontakt mit Edwards hatte.«

»So ist es«, bestätigte ich.

»Aber die anderen Spuren stimmen«, wandte Phil ein. »Das Mehl stammt aus Paddy's Pizzeria. Die Baumwollfasern stammen von Draggs T-Shirt, der Lederabrieb von seiner Jacke.«

»Das ist unsere Bewertung der Analyse«, sagte ich. »Wir ziehen den Schluss, dass die Spuren von Dragg stammen. Aber alle drei Materialien entstanden in Massenproduktion. Das Mehl, der Baumwollstoff, das Leder.«

»Jerry hat Recht«, sagte Mr High. »Kein Gericht würde diese Analysen als Beweis dafür werten, dass Dragg tatsächlich mit Edwards gekämpft hat. Zum Beispiel könnte einer seiner Pizzabäcker der Täter sein. Das T-Shirt tragen sie alle, das Mehl stimmt sowieso, und die Lederjacke könnte der Mann im selben Laden gekauft haben wie Dragg.«

»Die Pizzabäcker haben wir überprüft, Sir«, entgegnete Phil. »Die Alibis sind wasserdicht.«

»Wie auch immer. Wir müssten einen Nachweis dafür liefern, dass diese drei Spuren wirklich von Dragg stammen. Und das können wir nicht.« Der Chef löste die Hände voneinander und ließ sie wieder sinken. »Ich kann Mr Homer also keinen Tatverdächtigen präsentieren. Damit wird er leben müssen.«

Ich hörte einen leichten Unterton von Sarkasmus aus Mr Highs Stimme. Um mir nichts anmerken zu lassen, trank ich einen Schluck Kaffee.

Nachdem wir einen Moment lang in Schweigen verfallen waren, erklärte ich: »Nach dem augenblicklichen Stand der Dinge war der Gentest unsere einzige Chance. Weil wir keine Fingerabdrücke haben. Am Tatort, in Edwards' Wohnung, wurden tatsächlich nur seine eigenen Prints gefunden.«

»Der Mörder ist also sehr planvoll vorgegangen«, entgegnete Mr High. »Nach einem plötzlichen Wutausbruch sah der Tatort ohnehin nicht aus, nicht wahr?«

»Nein«, antwortete ich. »Dazu passt, dass Edwards von der Gefahr wusste, die ihm drohte. Wenn er im Auftrag des Boscolo-Mobs umgebracht wurde, dann gab es mit Sicherheit einen handfesten Grund dafür.«

»Was es auch war«, erwiderte der Chef. »Falls Ronan Dragg sich tatsächlich am Tatort aufgehalten hat, könnte das doch bedeuten, dass er im Auftrag der Boscolo-Familie dort gewesen ist.« Mr High sah Phil und mich an. »Und wenn er nun tatsächlich mit uns zusammenarbeitet, wäre er unser neuer V-Mann.«

»So habe ich es noch nicht einmal gesehen«, gestand ich verblüfft. »Aber es wäre eine Möglichkeit. Allerdings ...« Ich zögerte.

»Sagen Sie, was Sie denken, Jerry«, forderte John D. High. »Sie wissen, ich habe nichts gegen Widerspruch.«

›Im Gegensatz zu einem gewissen Mr Homer in Washington‹, hätte er am liebsten hinzugefügt. So kam es mir jedenfalls vor.

»Ich bin mir über Dragg noch nicht ganz im Klaren«, sagte ich. »Wenn er Edwards wirklich umgebracht hat, wäre er ein Killer unter dem Deckmantel seiner bürgerlichen Existenz.«

»Ist alles schon vorgekommen«, steuerte Phil einen absolut berechtigten Hinweis bei.

»Eben drum«, sagte ich und nickte. »Solange wir Dragg nicht näher kennen, kann ich nicht ausschließen, dass er ein falsches Spiel mit uns spielt.«

Moon Su-dae schmiegte sich an ihren Freund Michael Antonescu, als sie das Kino 3 im »Astra« verließen und auf die Bar im Foyer zusteuerten. Beide waren noch benommen von dem romantischen und zugleich dramatischen Film, den sie sich nun schon zum dritten Mal angesehen hatten – »Cold Mountain«, das Epos aus der Zeit des Bürgerkriegs, war längst ein Klassiker und begeisterte sie immer wieder von neuem.

Michael erwischte einen günstigen Platz an der Theke und schaffte es im Handumdrehen, zwei alkoholfreie Orange-Drinks zu besorgen. Der hochgewachsene, schlanke junge Mann drückte Su-dae eines der eiskalten Gläser in die Hand, und sie blickten sich tief in die Augen, während sie tranken.

»Würdest du auch auf mich warten?«, fragte Michael.

Su-dae wusste natürlich, dass er das Beispiel aus dem Film vor Augen hatte. Ein Mann musste in den Krieg, und seine Frau wartete auf ihn, viele Jahre lang, weil ihre Liebe stärker war als jeder Trennungsschmerz.

Su-dae hatte schneller in die Wirklichkeit zurückgefunden als Michael. Sie war schon wieder zu einem Scherz aufgelegt.

»Das weißt du doch«, sagte sie und strich ihm über die Wange. »Ich warte jeden Tag auf dich. Mindestens eine Viertelstunde pro Verabredung. Ist dir klar, dass du noch nie pünktlich gewesen bist? Und wenn du das hochrechnest ...«

»Mein Gott!«, stöhnte Michael und fasste sich an die Stirn.

»... kommst du bestimmt auf ein paar Jahre Wartezeit.« Su-dae lachte. »Also bin ich genauso aufopferungsvoll wie die Frau im Film.«

»Weibliche Logik«, ächzte der Sohn des Friseurs, der den Beruf des Vaters jedoch nicht erlernt hatte. Michael arbeitete in einer Überseespedition in Brooklyn und hatte sich vorgenommen, gemeinsam mit Su-dae Wirtschaftswissenschaften zu studieren.

»Männlicher Rettungsanker«, erwiderte Su-dae, stellte sich auf die Zehenspitzen und hauchte ihm einen Kuss auf die Lippen.

»Rettungsanker?«, wiederholte er stirnrunzelnd. »Wenn das deine asiatische Bildersprache ist, musst du's mir übersetzen.«

»Ihr Kerle werft ihn aus, wenn ihr nicht mehr weiterwisst. Euer Rettungsanker ist der Spruch von der weiblichen Logik. Den bringt ihr immer dann an, wenn ihr kein echtes Argument mehr draufhabt.«

»Weibliches Vorurteil«, grinste Michael und hob abwehrend die Arme, als erwartete er Schläge.

»Was geht denn hier ab?«, löste sich eine männliche Stimme aus dem allgemeinen Gemurmel und kam näher. »Prügelstrafe oder so was? Oder nur ein weiterer Beweis für eine mittlerweile bekannte Tatsache?«

»Nämlich?«, sagte Su-dae, ohne sich umzudrehen.

»Die Gewaltbereitschaft der jungen Frauen nimmt

beängstigend zu. Entsprechend steigt die Zahl der total verängstigten Männer, die bei Therapeuten Zuflucht suchen.«

»Lass' dich nur weiter aus, Bruderherz.« Su-dae machte ein grimmiges Gesicht. »Dann bist du gleich mit dran. Wenn ich mit einem fertig werde, werde ich auch mit zweien fertig.«

»Shin-cho, wir haben keine Chance«, rief Michael in gespielter Verzweiflung. »Lass uns fliehen.«

»Keine Angst«, sagte der 17-Jährige mit Bassstimme. »Ich beschütze dich.« Er trommelte sich mit den Fäusten auf die breite Brust. Unter dem T-Shirt zeichneten sich seine Muskelpakete ab. »Und wenn die Kleine hier... « – er stellte den Zeigefinger senkrecht auf den Kopf seiner Schwester – »... zu vorlaut wird, dann lassen wir sie einfach stehen und fahren allein nach Hause.«

Michael verzog das Gesicht. Shin-chos Vorschlag gefiel ihm nicht, obwohl er wusste, dass er ganz und gar nicht ernst gemeint war.

»Das könnt ihr nicht machen«, sagte Su-dae und hob keck das Kinn. »Wir haben unseren Eltern versprochen, dass wir gemeinsam nach Hause kommen.«

Shin-cho und Michael sahen sich an und seufzten.

»Ich geb's auf«, sagte Shin-cho. »Sorry, Michael, aber gegen die weibliche Logik kommen wir einfach nicht an. Das wird sich wohl auch nie ändern.«

Michael winkte ab. »Das Thema hatten wir schon.«

Su-dae lachte. »Ich wette, die Neandertaler hatten es auch schon. Und wenn die Menschheit eines Tages den Mars besiedelt, wird das Thema da oben auch noch aktuell sein. Garantiert.«

Michael und Shin-cho stimmten in Su-daes Lachen ein. Ihr Bruder nahm einen Schluck von ihrem Orangengetränk, und nachdem sie noch eine Weile geplaudert hatten, machten sie sich auf den Weg zum Parkplatz.

Shin-cho hatte sich mit Schulfreunden zusammen den neuesten »Blade«-Film angesehen. Weil er erst vor einer Woche mit seiner Freundin Schluss gemacht hatte, war er mit der Männerrunde losgezogen, um knallharte Action und Vampirjagd auf der Leinwand zu genießen. Michael hätte sich Shin-cho und seinen Freunden gern angeschlossen, doch Su-dae zuliebe hatte er sich für das Drama der Liebe entschieden.

Im Strom der Kinogänger schoben sich Su-dae und ihre beiden Begleiter durch den Seitenausgang des »Astra« auf den Parkplatz hinaus. Das Grundstück grenzte vorn an den Cross Bay Boulevard und hinten an das Shellbank Basin, jenen künstlich angelegten kanalähnlichen Wasserlauf, der von der Jamaica Bay weit ins Stadtgebiet hineinreichte.

Jeder, der ins Freie trat, rümpfte erst einmal die Nase, und ein gemeinschaftliches Aufstöhnen setzte ein. Grund war der Gestank. Es roch durchdringend nach faulen Eiern. Seit Jahrzehnten war das so, doch die Einwohner des Viertels hatten sich nie daran gewöhnt. Immerhin hatten Experten mittlerweile festgestellt, dass es das stillstehende Wasser war, das bei Sommerhitze den Geruch verursachte. Es gab auch schon Pläne, wie man den Geruch beseitigen konnte. Doch die Menschen in Howard Beach wussten, dass solche Vorhaben ihre Zeit brauchten. Die vielgerühmte Schnelligkeit des Lebens in New York fand vielleicht im fernen Manhattan statt. Doch hier, wo man vor der Haustür riesige Jets sehen konnte, wie sie von der Startbahn abhoben, spielte sich so manches noch im Schneckentempo der Vergangenheit ab.

Auf dem Parkplatz verteilten sich die Filmfans rasch

auf die Autos, um dem Gestank zu entrinnen. Laternen an hohen Masten streuten Lichtkreise auf das Gelände.

Michael hatte ein eigenes Auto, einen roten Dodge Stratus. Der Wagen parkte direkt am Wasser, mit der Schnauze vor dem gusseisernen Geländer, das den betonierten Platz vom Shellbank Basin trennte.

»Schnell rein«, rief Shin-cho. »Und dann wollen wir mal sehen, was deine Klimaanlage leistet, Mike.« Er hielt sich die Nase zu, während er die letzten Yards bis zu dem Dodge mit Sprüngen überbrückte.

Der Wagen gab ein Lichtzeichen, als Michael die Türen mit der Fernsteuerung öffnete. Der Sechszylindermotor des Stratus leistete 200 PS aus 2,7 Liter Hubraum. Drüben auf dem alten Floyd Bennett Airfield in Brooklyn gab es einen Übungsplatz für Autofahrer. Michael hatte Shin-cho oft zum Schleudertraining mitgenommen und stolz vorgeführt, wie gut er den Dodge beherrschte.

Shin-cho warf sich als erster ins Auto. Rasch zog er die Beifahrertür hinter sich zu. Nur einen Moment später saß seine Schwester hinter ihm auf der Sitzbank im Fond und schloss die Tür so schnell sie konnte. Sie lachten über Michael, der eine Sekunde langsamer war und erst jetzt an der Fahrertür erschien, um sie zu öffnen.

Auf einmal flog er davon.

So sah es buchstäblich aus.

Den Geschwistern im Wagen blieb das Lachen im Hals stecken. Erst jetzt erkannten sie, dass zwei dunkle Gestalten neben dem Dodge aufgetaucht waren. In hohem Bogen schleuderten sie Michael über das Geländer. Er schrie. Im nächsten Moment war er unterhalb der Ufermauer nicht mehr zu sehen. Offenbar war er viel zu verdattert gewesen, um Widerstand zu leisten. Es klatschte laut, als er in der stinkenden Brühe versank.

»Das darf doch nicht ...«, stieß Shin-cho hervor. Er unterbrach sich, packte den Türgriff und drehte sich eilig zu Su-dae um. »Rühr dich nicht vom Fleck!«, rief er und sprang ins Freie.

Su-dae sah ihren Bruder, wie er über die Motorhaube flankte und die Kerle stellte. Jetzt, auf einmal, waren sie zu dritt oder zu viert. Genau ließ sich das nicht erkennen, weil sie alle dunkel gekleidet waren. Und Michael hatte den Dodge ausgerechnet zwischen zwei Laternen-Lichtkreisen geparkt, sodass in der Umgebung des Wagens nur Halbdunkel herrschte.

Voller Entsetzen presste sich Su-dae die Fäuste an den Mund. Angst und Ungewissheit über Michaels Schicksal hatten sie gerade erst mit schockartiger Wucht getroffen, und nun musste sie mit hilflos mit ansehen, wie ihr Bruder es mit einer Übermacht zu tun bekam.

Er war stark, und er konnte kämpfen. Das hatte er schon des öfteren bewiesen, wenn ihnen zwielichtige Gestalten über den Weg gelaufen waren. Doch hier hatte er keine Chance, das war bereits deutlich, als er sich Michaels Bezwingern entgegenwarf.

Su-dae schrie auf, als sie sah, dass einer der Schwarzgekleideten etwas in den Fäusten hielt, das aluminiumfarben schimmerte.

Ein Baseballschläger.

Auch die anderen schwangen plötzlich solche mörderischen Keulen. Shin-cho war tapfer. Er dachte gar nicht daran, wegzulaufen. Siedendheiß durchfuhr Su-dae die Erkenntnis, dass er es ihretwegen tat. Statt wegzulaufen, was das einzig Vernünftige gewesen wäre, versuchte er, den sausenden Hieben auszuweichen. Tatsächlich schaffte er es, sich einen der Angreifer zu schnappen und ihn gegen die Phalanx der anderen zu schleudern.

Doch das brachte ihm höchstens für eine Sekunde Luft. Schon im nächsten Atemzug stürmten sie mit Wutgeheul auf ihn, und die furchtbaren Schlagwaffen zischten wilder und heftiger. Zum erstenmal wurde Shin-cho an der Schulter getroffen.

Su-dae schrie auf, schrill diesmal. Die Angst um ihren Bruder brachte sie fast um den Verstand. Einer der Schläger krachte vorn auf den Kotflügel. Su-dae zuckte zusammen. Der Schlag ließ die Karosserie dröhnen. Und wieder wurde Shin-cho getroffen. Er wankte, krümmte sich. Jetzt schlugen sie erst richtig auf ihn ein. Es sah aus, als setzten sie alles daran, ihm die Wirbelsäule zu zertrümmern.

Su-dae war sicher, es nicht mehr ertragen zu können. Hilflos mit ansehen zu müssen, wie ihr Bruder dort draußen zusammengeknüppelt wurde, war mehr, als ihr Verstand verarbeiten konnte.

Hilflos?

Das Wort hallte nur kurz in ihr nach, dann handelte sie. Sie warf sich nach links, zur Tür hin. Sie musste Shin-cho helfen. Du lieber Himmel, sie konnte doch nicht zusehen, wie sie ihn umbrachten.

Als sie die Hand nach dem Griff ausstreckte, wurde die Tür aufgerissen. Eine schwarzgekleidete Gestalt schwang sich herein. Der straffe, muskulöse Körper traf Su-dae wie ein Rammstoß und schleuderte sie zurück. Sie staunte über ihre eigene Reaktionsschnelligkeit, als sie den Griff der rechten Fondtür packte, um sie aufzustoßen.

Doch plötzlich hieben eisenharte Hände wie Haken auf ihre Schulter und rissen sie von der Tür weg. Vergeblich versuchte Su-dae, sich loszureißen. In diesen Krallenhänden lag unglaubliche Kraft. Tränen schossen Su-dae aus den Augen. Sie konnte ihren Bruder nicht mehr sehen, und der Kerl neben ihr versetzte ihr einen Fausthieb in die Seite, der ihr den Atem raubte und eine Woge glühenden Schmerzes durch ihren Körper jagte.

Kerl?

Als Su-dae durch den Schmerz hochgerissen wurde, sah sie für einen Moment das Gesicht. Im nächsten Augenblick wurde sie auch schon von zwei schallenden Ohrfeigen getroffen, die ihren Kopf hin und her warfen. Sie hatte das Gesicht erkannt.

»Toni!«, schrie sie. »Mein Gott, was tust du?«

»Halt die Klappe«, zischte Big Nicks Freundin und schlug von neuem zu. »Halt die gottverdammte Klappe.«

Su-dae versank in ein Meer aus wallenden Schmerzen. Sie spürte nicht mehr, wie sie aus dem Wagen gezogen wurde.

»Darf man hoffen?«, rief Detective Lieutenant Greg Foley, als er Phil und mich erblickte. Er kam uns entgegen, kaum dass wir aus dem Jaguar gestiegen waren.

Ein durchdringender Gestank empfing uns als erstes.

»Man lernt nie aus«, sagte Phil. »Dass es hier eine Zentraldeponie für faule Eier gibt, wusste ich auch noch nicht.«

Natürlich wussten wir es beide besser. Jedes Jahr, regelmäßig zum Sommeranfang, berichteten Zeitungen, Radio und Fernsehen über Leute in Howard Beach, die bei schönstem Wetter Türen und Fenster geschlossen hielten, weil es vor ihren Balkonen und Terrassen buchstäblich zum Himmel stank. Seit Generationen gab es das Problem Shellbank Basin. Ob es jemals gelöst werden würde, stand in den Sternen.

Ich hatte meinen roten Renner an der Einfahrt zum Parkplatz des »Astra« geparkt. Das gesamte Gelände, einschließlich des Kinoeingangs, war mit gelbem Trassierband markiert worden, dessen Endlostext in schwarzen Buchstaben lautete: »Police Line – Do Not Cross«. Uniformierte Cops wachten darüber, dass diese Anweisung eingehalten wurde.

Wir begrüßten den Lieutenant per Handschlag.

»Sie möchten, dass wir Ihnen auch diesen Fall abnehmen?«, ging ich auf seine Frage ein.

Foley nickte. »Für Kidnapping seid ihr sowieso zuständig, richtig?«

»Sind wir«, antwortete mein Partner und sah mich an. Ich wusste, was er dachte, und er hatte Recht. Es war nicht die Zeit für Wortspielereien.

Eine junge Frau war vermutlich entführt worden. Moon Su-dae, koreanische Abstammung, in New York geboren. Von ihr fehlte zumindest jede Spur.

»Ich vermute, wir werden zweigleisig fahren«, sagte Foley ernst. »Wir übernehmen die Körperverletzung, denke ich mal. Könnte aber auch ein Mordversuch sein, was hier gelaufen ist.«

Wir hatten die alarmierende Nachricht erst vor wenigen Minuten erhalten, kurz vor unserem Eintreffen in Howard Beach. Noch waren die betroffenen Familien nicht informiert worden, weil es noch keine endgültigen Erkenntnisse gab. Lieutenant Foley hatte es uns über Funk mitgeteilt. Aus dem Jamaica Hospital lag noch keine Nachricht vor.

Dorthin waren Michael Antonescu und Moon Shin-cho gebracht worden. Den Sohn des koreanischen Ladeninhabers hatte es am schlimmsten erwischt. Er rang um sein Leben. Der Sohn des Friseurs hatte mehr Glück gehabt; er war mit Schrammen und Beulen und völlig durchnässter Kleidung davongekommen, hatte aber einen schweren Schock erlitten.

Wir gewöhnten uns an den Gestank und sahen uns auf dem Parkplatz um. Lieutenant Foley gab uns die Erklärungen, die uns noch fehlten.

Michael Antonescus Dodge war das einzige Auto weit und breit. Standscheinwerfer tauchten den Dodge und die unmittelbare Umgebung in strahlende Helligkeit. Alle anderen Kinobesucher hatten den Parkplatz noch vor dem Eintreffen der Polizei fluchtartig verlassen.

Es erinnerte uns an die Zustände, die wir in New York überwunden geglaubt hatten. Doch in Howard Beach tickten die Uhren offenbar anders. Hier galt es anscheinend als oberstes Gebot, sich in nichts einzumischen, das einen nichts anging. Nichts gesehen und nichts gehört zu haben und vor allem, nichts zu sagen, galt als die beste Garantie für ein unbehelligtes Leben.

Möglich aber auch, dass sich diese Grundsätze hier in Howard Beach gerade wieder aufbauten. Ich dachte an mein letztes Telefongespräch mit Mr Jones alias Craig Edwards, an seine Warnung vor den Machtkämpfen in der Hierarchie des Boscolo-Mobs. Es war denkbar, dass die jungen Gangster aus dem Fußvolk der Familie auf ihrem Weg nach oben die alten Mafia-Regeln wieder einführten.

In den meisten anderen Teilen New Yorks hatten wir vom FBI gemeinsam mit dem NYPD und anderen Behörden dazu beitragen können, dass die Menschen nicht länger kuschten – weder vor der Straßenkriminalität noch vor dem organisierten Verbrechen. Doch hier in Howard Beach schien allen Ernstes der Rückschritt als Fortschritt zu gelten.

»Michael Antonescu war in der Lage, uns zu sagen, was er mitgekriegt hat«, berichtete Lieutenant Foley. »Zwei Kerle kamen plötzlich von hinten und haben ihn ins Basin geworfen. Keine Personenbeschreibung. Er hat sie kaum gesehen, nur ihre schwarzen Klamotten. Dann musste er sich erst mal selbst retten und eine Weile schwimmen, bis er eine Stelle fand, an der er an Land kriechen konnte.«

Phil trat an das Geländer und beugte sich hinüber. »Senkrechte Betonwand«, stellte er fest. »Keine eingelassene Leiter oder so etwas.«

»Als er hier ankam«, fuhr Foley fort, »fand er Moon Shin-cho hier neben dem Dodge. Übel zugerichtet. Die letzten Kinogänger fuhren gerade ab. Keiner kümmerte sich um ihn, obwohl er um Hilfe rief. Sein Glück war, dass er sein Handy nicht in der Hosentasche hatte, sondern im Handschuhfach seines Wagens. Er hat dann sofort die Notrufnummer gewählt. Shin-cho ging es ziemlich schlecht. Michael hatte Angst, dass er sterben würde. Deshalb hat er die ganze Zeit neben ihm gehockt, bis der Rettungswagen kam.«

»Dann erst ist ihm klar geworden, dass auch die junge Frau fehlte«, folgerte ich.

Der Lieutenant nickte. »Wir konnten mit Michael noch sprechen, bevor er mit dem zweiten Rettungswagen abfuhr. Er hatte gedacht, Su-dae wäre in dem Dodge sicher gewesen. Als er ihr dann sagen wollte, dass keine Gefahr mehr drohte, wäre er fast zusammengebrochen. Der Wagen war leer.«

»Keine Spuren von Su-dae?«, fragte Phil. »Oder gibt es einen Hinweis auf ein Fluchtfahrzeug?«

»Nichts«, antwortete Foley. »Absolut nichts.«

Ich zeigte auf die Rückseite des Kinos. Eine einsame Außenlampe brannte dort. »Hat von dort jemand etwas beobachtet?«, fragte ich.

Foley schüttelte den Kopf. »Wir haben alle befragt.

Hausmeister, Barkeeper, Filmvorführer, Kassierer. Niemand hat auf den Parkplatz rausgeschaut. Und wenn es einer getan hat, dann sagt er es uns nicht.«

»Was zu erwarten war«, brummte ich.

»Übrigens habe ich mit dem Notarzt gesprochen, der Shin-cho versorgt hat«, erklärte der Lieutenant. »Der Doc war überzeugt, dass die Verletzungen des jungen Mannes von einem oder mehreren Baseballschlägern stammten.«

Phil stieß einen Pfiff aus.

Ich überwand meine Verblüffung. »Das könnte den kompletten Fall zu einem FBI-Fall machen«, sagte ich.

Lieutenant Foley zeigte uns die Beule im vorderen linken Kotflügel des Dodge. »Sieht frisch aus, richtig? Und sie könnte von einem Baseballschläger stammen.«

»Früher hat die Mafia ihre Interessen mit Tommyguns durchgesetzt«, sagte Phil nachdenklich.

»Das Ergebnis ist heute kaum anders«, entgegnete ich.

Foleys Handy klingelte. Der Anruf kam aus dem Jamaica Hospital, wie wir bereits aus seinen Antworten und Nachfragen heraushörten. Moon Shin-cho würde durchkommen. Das stand jetzt fest. Wenigstens eine gute Nachricht, die wir den Eltern überbringen konnten. Wegen des Schocks, den er erlitten hatte, musste Michael Antonescu noch eine Nacht im Hospital verbringen.

Von Moon Su-dae fehlte noch immer jede Spur, obwohl die Fahndung mittlerweile in vollem Umfang angelaufen war. Doch wir konnten nicht erwarten, dass Streifen-Cops sie im Handumdrehen auf einem Hinterhof fanden. Su-daes Entführer hatten etwas Bestimmtes mit ihr vor. Davon war ich inzwischen überzeugt.

Phil und ich machten uns auf den Weg zu Danny's

Deli, dem Laden neben Paddy's Pizzeria. Für uns war es die unangenehmste Aufgabe dieses Tages.

Nach unserer Besprechung waren wir in die Bronx gefahren, zur Scientific Research Division. Dort hatten wir uns noch einmal sämtliche Ergebnisse der Spurensicherung in Craig Edwards' Wohnung und der Hausdurchsuchung bei Ronan Dragg angesehen. Dr. Christine Wallrich hatte uns dabei unterstützt, doch es waren keine neuen Erkenntnisse dabei herausgekommen.

Mit Christine verband mich die Gewissheit, dass wir unser geplantes Date weiter hinausschieben mussten.

Anschließend, während der Nachmittagsstunden, hatten wir ein längeres Gespräch mit dem Bundesanwalt geführt, der für unsere Ermittlungen zuständig war. Danach waren wir mit ihm gemeinsam zum Federal Court gefahren, dem Bundesgericht in Brooklyn. Ich hatte dem Richter meinen Plan geschildert und war bei ihm genauso auf Zustimmung gestoßen wie bei unserem Federal Attorney, dem Bundesanwalt.

Wie immer, wenn Ronan Dragg seine koreanischen Nachbarn besuchte, saßen sie in der gemütlichen Wohnküche, direkt hinter dem Laden. Danny's Deli war täglich bis Mitternacht geöffnet, wie die meisten Lebensmittelläden, die von Familien betrieben wurden.

Eun-kyung, eine schlanke und vor Energie sprühende kleine Frau, war unruhig. Sie konnte nicht still am Tisch sitzen, wie es die beiden Männer taten. Also räumte sie die Geschirrspülmaschine aus und klapperte dabei mit Tellern und Tassen.

Immer wieder blieb sie stehen und blickte abwechselnd auf die Wanduhr und auf ihre Armbanduhr.

»Das Kino ist doch längst zu Ende«, sagte sie. »Ich verstehe das nicht. Die Kinder sind doch sonst so zuverlässig.«

Moon Chung-hee schüttelte den Kopf und lächelte gütig. »Sie sind keine Kinder mehr, mein Liebes. Sie sind Erwachsene. Also haben Sie das Recht, anschließend noch in eine Bar zu gehen. Oder in eine Pizzeria.« Er zwinkerte dem Nachbarn verschwörerisch zu.

Dragg nickte zerstreut. Er war nicht bei der Sache. Zu sehr bewegte ihn das, was er dem Mann sagen musste, der schon seit langem ein guter Freund für ihn war.

»Dann könnte ich ja Nancy anrufen und sie fragen«, rief Eun-kyung hoffnungsvoll.

»Was für einen Eindruck würde das machen«, widersprach Chung-hee. »Wir spionieren unseren erwachsenen Kindern nach. Nancy würde es bestimmt sehr komisch finden. Und wenn Shin-cho und Su-dae es mitbekämen, wären sie sehr enttäuscht von uns.«

Eun-kyung fügte sich seufzend und machte weiter mit dem Geschirrklappern.

Dragg trank einen Schluck von dem Tee, den die Hausherrin serviert hatte. Er atmete tief durch. Er konnte es nicht mehr hinauszögern. Deshalb gab er sich einen Ruck und sagte:

»Chung-hee, alter Freund, ich habe etwas sehr Ernstes mit dir zu besprechen.«

Der Koreaner hob den Kopf und sah seinen Nachbarn verwundert an. Bedächtig und geradezu sorgfältig legte Chung-hee seine Hände um den inzwischen leeren Teebecher.

»Weißt du etwas über die Kinder, das wir nicht wissen?«, fragte er und furchte die Stirn.

Eun-kyung vernahm das Stichwort »Kinder«, wurde

hellwach und kam herüber, einen Stapel blitzblanker Teller in den Händen. Ihr Gesicht war voller Besorgnis.

»Setz dich, Eun-kyung«, sagte Dragg. »Es geht auch dich an. Es geht euch alle an.«

»Mein Gott«, hauchte die kleine Frau. »Was ist geschehen, Ronny? Was ist mit Shin-cho und Su-dae? Wenn du etwas weißt, was wir nicht wissen ...«

Er stoppte ihren Redefluss mit einer Handbewegung und wartete, bis sie die Teller abgestellt und sich gesetzt hatte.

»Es ist nicht wegen der Kinder«, sagte Chung-hee unvermittelt. Seine Augen waren forschend auf den Nachbarn gerichtet. »Es geht um etwas anderes. Habe ich Recht?«

»Ja«, antwortete Dragg heiser. »Es ist mir sehr unangenehm.«

»Das muss es nicht sein«, antwortete Chung-hee. »Wir sind gute Nachbarn, und wir sind Freunde. Wir haben uns immer gut verstanden und gegenseitig geholfen. Es gab nie Heimlichkeiten zwischen uns. Wir haben immer alles gesagt, was gesagt werden musste. Weshalb sollte sich das auf einmal ändern?«

»Weil ...« Dragg stockte, bevor er weitersprach. »Weil sich alles ändert. Ich muss euch warnen. Das heißt – um ehrlich zu sein –, ich habe eine klare und eindeutige Botschaft für euch.«

»Eine Botschaft?«, wiederholte Chung-hee gedehnt. »Nun, das hört sich so an, als ob du der Bote bist und es sich um eine mündliche Botschaft handelt. Ist es so?«

»Ja.«

»Jede Botschaft hat einen Absender. So muss es also auch in diesem Fall sein.«

»Ja, so ist es.«

»Gut.« Chung-hee nickte und war jetzt ganz der zupackende Geschäftsmann, der auch vor Widrigkeiten nicht kapitulierte. »Dann ist die Reihenfolge klar. Bei einem Brief liest man zuerst den Absender und dann die eigentliche Nachricht. Bei einer mündlichen Botschaft ist es nicht anders. Also – lass hören, Ronny.«

»Den Absender kann ich euch nicht namentlich nennen.« Dragg seufzte tief. »Aber wenn ich euch sage, um was es geht, werdet ihr wissen, wer er ist.«

»Ich verstehe das alles nicht«, klagte Eun-kyung. »Warum kommst du nicht einfach zur Sache, Ronny? Wir machen uns Sorgen wegen der Kinder. Wir brauchen keine zusätzlichen Probleme.«

»Wir haben keine Sorgen wegen der Kinder«, stellte Chung-hee richtig. »Aber ansonsten hat Eun-kyung Recht, Ronny. Hör auf, um den heißen Brei herumzureden.

Dragg atmete durch, und er ließ die Katze aus dem Sack. »Ihr müsst Howard Beach verlassen«, sagte er rasch, wie, um es so schnell wie möglich hinter sich zu bringen. Eindringlich fügte er hinzu: »Ihr müsst hier weg. Bevor etwas passiert, müsst ihr weg.«

Chung-hee starrte seinen Nachbarn an. Dann sah er seine Frau an, und beide blinzelten ungläubig. Wieder an Dragg gewandt, sagte Chung-hee im Brustton der Überzeugung:

»Das ist nicht dein Ernst, Ronny. Und wenn es ein Witz sein soll, ist es kein besonders guter.«

Draggs Miene war steinern. »Es ist mein voller Ernst, Chung-hee. Du weißt, dass ich solche Scherze niemals gemacht habe.«

Der Koreaner zog die Augenbrauen zusammen. Ein Schatten legte sich auf seine Miene.

»Was heißt das dann – wir müssen weg, Howard Beach verlassen? Was ist das für ein Blödsinn? Wir haben nicht vor, umzuziehen. Und zur Ruhe werden wir uns noch lange nicht setzen.«

Dragg schüttelte heftig den Kopf. »Ihr müsst alles aufgeben, solange ihr noch könnt. Ihr müsst das Geschäft verkaufen, solange es sich noch verkaufen lässt.«

Chung-hee öffnete den Mund und bekam ihn nicht wieder zu.

Die Augen seiner Frau füllten sich mit Tränen. »Ronny«, schluchzte sie. »Wie kannst du nur so etwas zu uns sagen? Das ist ja furchtbar. Das hört sich ja an, als ob wir – vertrieben werden sollen. Aber wer, in aller Welt, kann uns denn so etwas antun wollen?«

Chung-hee hatte seine Fassungslosigkeit überwunden. »Auf diese Frage«, sagte er mit plötzlicher Härte in der Stimme, »gibt es nur eine Antwort. Die Mafia. Nur eines begreife ich nicht. Weshalb schicken Sie dich, Ronny? Ausgerechnet dich?«

Dragg verspürte ein Würgen in der Kehle. »Ich ... ich ...« Er suchte nach Worten. »Ich wurde ausgewählt. Es war ein Auftrag, den ich nicht ablehnen konnte.«

»Warum nicht?«, entgegnete Chung-hee scharf. »Hätten sie dich umgebracht, wenn du dich geweigert hättest?«

»Das nicht.«

»Was dann?«

»Ich kann es dir nicht erklären. Es ist nicht so einfach, wie du denkst.«

»Woher weißt du, was ich denke?«, zischte Chung-hee erbost. Er beugte sich vor und blickte seinem Nachbarn in die Augen. »Ich sage dir den Grund für dein Verhalten, Ronny. Du gehörst selbst dazu. Du gehörst selbst zu diesem gottverdammten Verbrecherverein.« Der Koreaner redete sich in Rage. »Mein Gott, und ich habe dir vertraut! Ich habe gedacht, dass Freundschaft etwas wert ist in diesem Land. Und jetzt ...« – er hieb mit der Faust auf den Tisch – »... machst du gemeinsame Sache mit diesen ... diesen ...«

»Chung-hee«, warnte Dragg leise aber bestimmt. »Hüte deine Zunge.«

Chung-hees Blick wurde starr. »Du willst mir drohen?«, flüsterte er. »Glaubst du, ich habe Angst vor dir und deiner Gangsterbande?«

»Nein«, antwortete Dragg. »Das glaube ich nicht. Und es ist nicht meine Gangsterbande, sondern eine ehrenwerte Gesellschaft, die nach traditionsreichen Grundsätzen lebt.«

»Wie bitte?« Chung-hee schüttelte den Kopf und blinzelte, als müsste er ein Trugbild verscheuchen. »Diese Leute, die Obdachlose halb tot schlagen und ihre Konkurrenten mit Blei vollpumpen, nennst du eine ehrenwerte Gesellschaft?«

»Das eine hat mit dem anderen nichts zu tun.«

»Ach, nein? Und weshalb sollen wir dann verschwinden? Sind wir so was Ähnliches wie Obdachlose? Sind wir ihnen ein Dorn im Auge, weil wir ein erfolgreiches Geschäft aufgebaut haben? Steht uns das nicht zu, weil wir Ausländer sind?«

»Ich habe doch nichts gegen euch persönlich«, rief Dragg und klang fast verzweifelt. »Es ist doch nur die Botschaft, die ich überbringe.«

»Aber du steckst mit diesem Boscolo-Strolch unter einer Decke. Das ist mir jetzt klar.« Chung-hee ballte beide Hände auf dem Tisch zu Fäusten und beugte sich vor. »Ich sage dir was, Ronny. Die Sache ist ganz einfach. Ich sage nein. Wir werden nicht weggehen. Richte es deinem Gangsterboss aus. Wir werden die Polizei verständigen, und wir werden uns auch selbst zu schützen wissen.«

Dragg schüttelte tadelnd den Kopf. »Du bist ein tapferer Mann, Chung-hee. Aber du solltest auf mich hören. Du hast keine Chance, wenn es hart auf hart geht. Ich könnte dich und deine Familie nicht schützen, selbst wenn ich es wollte.«

»Natürlich nicht«, fauchte Chung-hee. »Du würdest uns das Dach über dem Kopf anzünden, wenn sie es von dir verlangen. Das würdest du doch tun, nicht wahr?«

»So weit muss es nicht kommen«, sagte Dragg ausweichend.

»Das wird es auch nicht«, knurrte der Ladeninhaber grimmig. »Meine Familie und ich haben unser Geschäft mit ehrlicher Arbeit aufgebaut. Ich bin 41 Jahre alt und noch nicht alt genug, um den Schwanz einzuziehen wie ein feiger Köter. Ich bin amerikanischer Staatsbürger, und ich habe Anspruch darauf, durch die Gesetze dieses Landes geschützt zu werden.«

Eun-kyung stieß einen verzweifelten Laut aus. »Du kannst doch nicht mit dem Kopf durch die Wand«, schluchzte sie. »Wir sind die Schwächeren, egal, wie es kommt. Begreif' das doch. Vielleicht können wir verhandeln. Das wäre doch vielleicht möglich.« Flehend, mit tränennassen Augen, sah sie den schnauzbärtigen Mann an.

Dragg nickte. »Du bist sehr vernünftig, Eun-kyung. Ich verspreche dir, ich werde alles tun, damit wir es im Guten regeln können. Wenn ihr auf mich hört, werdet ihr so gut wie möglich aus der Sache rauskommen.«

Chung-hee lachte bitter. »Ich fasse es nicht!«, rief er. »Das muss man sich mal vor Augen halten! Wir leben im freiesten und demokratischsten Land der Welt, und da besitzen Leute die Unverfrorenheit, andere von ihrem eigenen Grund und Boden zu verjagen. Und dann tun diese Verbrecher auch noch so, als wäre das ein völlig natürlicher Vorgang.«

Ronan Dragg kam nicht dazu, eine Antwort zu geben.

Vorn im Laden schellte die altmodische mechanische Türglocke, die immer funktionierte.

Kapitel 7

Ein mulmiges Gefühl war gar kein Ausdruck für das, was in meinem Inneren rumorte. Phil erging es keinen Deut besser, als wir Danny's Deli betraten. Das sah ich ihm an, ohne fragen zu müssen.

Der Laden war ein Musterbeispiel für Ordnung, Sauberkeit und ein wohldurchdachtes Warensortiment. Überall in New York gab es diese kleinen Groceries – Lebensmittelgeschäfte – nun schon seit vielen Jahren wieder. Selbst in Manhattan schätzte man die »Delicatessen«-Shops, die von kühlen Drinks bis zu warmen Mahlzeiten alles boten, was arbeitende Menschen oder Touristen brauchten.

Aus dem hinteren Teil des Ladens waren Stimmen zu hören. Phil und ich gingen an Kühltheken und Regalen vorbei. Blankpolierte Chromumrandungen blitzten im Schein der Leuchtstoffröhren.

Die Nachricht, die wir zu überbringen hatten, mochte nicht die schlimmste von allen sein. Doch der Unterschied war nicht allzu groß. Ein Kind des Ehepaars Moon hatte bis eben mit dem Tod gerungen. Von dem anderen Kind fehlte jede Spur, und es stand praktisch fest, dass es sich in der Gewalt von Gangstern befand.

Eine kleine, verstört aussehende Frau kam uns entgegen.

Fast kam es mir vor, als ahnte sie bereits etwas. Aber das konnte nicht sein. Ausgeschlossen. Vielleicht gab es geschäftlichen Ärger.

Aus einem Raum, in den ein offener Durchgang führte, waren zwei gedämpfte Männerstimmen zu hören. Ich vernahm Gesprächsfetzen wie »... ruhig bleiben ...« und »... reden später weiter ...«

»Guten Abend, Gentlemen«, sagte die Koreanerin wie ein Sprechautomat. »Was kann ich für Sie tun?«

Nichts hätte ich mir sehnlicher gewünscht, als jetzt eine Dose Coke und ein Päckchen Sandwiches verlangen zu können.

»Mrs Moon?«, fragte ich stattdessen.

»Ja?«, erwiderte sie, und das aufkeimende Unbehagen war in ihrem Gesicht zu lesen wie in einem offenen Buch. »Ja, ich bin Moon Eun-kyung, die Frau des Inhabers.«

Als wir ihr daraufhin unsere Dienstausweise zeigten, kam es mir reichlich unbeholfen von uns vor. Ihre Gesichtszüge erstarrten.

»FBI?«, sagte sie tonlos. Nur einen Moment lang stockte ihr der Atem. Dann hatte sie Gewissheit. Ihre Augen ließen es erkennen. Es musste der Mutterinstinkt sein, der das bewirkte. »Sie kommen wegen der Kinder«, stellte sie fest. So, wie sie es sagte, gab es für sie nicht den geringsten Zweifel daran.

»Ja«, antwortete ich, und meine Stimme kam mir fremd und rau vor.

»Es gibt keinen Grund zur Besorgnis«, fügte Phil hinzu.

»Dann wären Sie nicht hier«, widersprach Mrs Moon leise. Langsam, wie in Zeitlupe, legte sie die Hände vor das Gesicht und weinte stumm.

Ich verspürte den Wunsch, sie in die Arme zu nehmen und zu trösten. Doch als Fremder war ich dazu kaum in der Lage, und es war meine Aufgabe, ihr die Nachricht zu überbringen. Sie wusste ja noch nicht einmal, was geschehen war. Ich hörte Schritte aus dem hinteren Raum.

Ein stämmig gebauter Mann kam näher. Der Blick aus seinen mandelförmigen Augen heftete sich mit tiefem Ernst auf Phil und mich.

»FBI?«, sagte er und legte den Arm um die bebenden Schultern seiner Frau.

Ich merkte erst jetzt, dass wir die Lederetuis mit den Dienstausweisen noch immer aufgeklappt in der Hand hielten. Ich steckte das Etui als erster ein. Phil folgte meinem Beispiel.

»Special Agents Jerry Cotton und Phil Decker«, stellte ich uns behutsam vor. Und ich kam sofort zur Sache. »Ihr Sohn Su-dae musste ins Jamaica Hospital eingeliefert werden. Aber er ist über den Berg. Er ist schwer verletzt, aber er schwebt nicht mehr in Lebensgefahr.«

»Er wurde auf dem Kino-Parkplatz überfallen«, fügte mein Partner hinzu. »Zusammen mit Su-dae und Michael Antonescu.«

Eun-kyung erbleichte. Ihre Augen weiteten sich vor Entsetzen. Ihr Mund öffnete sich, doch sie brachte keinen Laut hervor. Ihre stumme Verzweiflung traf mich ins Herz, viel schmerzhafter, als es ein Aufschrei vermocht hätte.

Ihr Mann hielt sie fester, stand neben ihr wie ein Baum zum Anlehnen. Etwas in seinem Gesichtsausdruck machte mich stutzig. Im Gegensatz zu seiner Frau schien Chung-hee von einer Art grimmiger Gewissheit erfüllt zu sein. Fast konnte man meinen, er hätte nur auf unsere Hiobsbotschaft gewartet.

»Was ist passiert?«, presste Chung-hee tonlos hervor. »Was ist mit unserer Tochter? Und mit Michael?«

»Von Su-dae fehlt jede Spur«, erwiderte ich. »Michael wurde nur leicht verletzt. Wir müssen leider davon ausgehen, dass Ihre Tochter entführt wurde, Mr Moon.«

Lieutenant Foley hatte es übernommen, das Ehepaar Antonescu zu informieren. Ich erwähnte es nicht, weil ich sicher war, dass die Moons durch die Sorge um Su-dae kaum noch etwas anderes mitbekamen.

Während ich sprach, sah ich eine Bewegung im Durchgang zu den hinteren Räumen. Es war Ronan Dragg, der dort auftauchte und alles mitbekam.

»Gehen Sie nicht weg, Mr Dragg«, sagte ich. »Wir müssen mit Ihnen reden.«

Er nickte, verschränkte die Arme vor der Brust und lehnte sich an die Wand. Moon Chung-hee und seine Frau standen vor uns wie gelähmt. Scheinbar rätselnd starrten sie uns an, als würden sie plötzlich unsere Sprache nicht mehr sprechen und uns deshalb nicht verstehen.

»Wir brauchen ein Foto von Ihrer Tochter«, sagte Phil. »Jeder Polizeibeamte in New York und Umgebung soll es erhalten. Die Suche nach Su-dae läuft bereits auf Hochtouren.«

Ich ergänzte: »Sie können sicher sein, dass alles Menschenmögliche getan wird, um Su-dae wohlbehalten nach Hause zu bringen.« Ich kam mir vor wie ein Politiker, der seine Worthülsen herunterbetete.

Eun-kyung und Chung-hee reagierten jedoch ohnehin nicht. Das Gesicht des Ladeninhabers verzerrte sich plötzlich vor Wut. Er wollte sich umdrehen, doch nun war es seine Frau, die ihn festhielt.

»Nein, nicht«, flüsterte sie.

Ich spürte auf einmal, dass die Situation eine Anspannung gewann, deren Ursprung wir nicht kannten. Mein neuer Plan für unseren Einsatz in Howard Beach gewann unerwartete Aktualität. Ich bemerkte, dass Chung-hee sich nur mühsam zurückhielt. Er selbst war es, der seine Wut zügelte. Seine Frau hätte ihn mit Sicherheit nicht halten können, wenn der Zorn mit ihm durchgegangen wäre.

Das Entscheidende schien aber zu sein, dass dieser Zorn auf Ronan Dragg gerichtet war – ausgelöst durch die Schreckensnachrichten von Su-daes Entführung und Shin-chos lebensgefährlichen Verletzungen.

Dragg stieß sich von der Wand im Durchgang ab und kam zu uns in den Laden. Als er sich an Chung-hee vorbeischob, ballte der Koraner die Hände zu Fäusten, und die Adern an seinem Hals schwollen zu Strängen. Jetzt brauchte er alle Kraft, um sich zu beherrschen.

Logisch, dass wir ihn später deswegen zur Rede stellen würden. Erst einmal mussten wir uns aber mit Ronan Dragg befassen. Ursprünglich hatten wir vorgehabt, nach dem schwierigen Besuch bei dem Ehepaar Moon in Paddy's Pizzeria hinüberzugehen, um Dragg dort zu sagen, was wir zu sagen hatten. Nun aber hatte der Pizzamann sich uns gewissermaßen frei Haus geliefert.

Wir gingen mit Dragg ein Stück nach vorn in den Laden, nachdem Phil die Moons gebeten hatte, in ihrem privaten Bereich auf uns zu warten.

»Also?«, fragte Dragg mit einem Anflug von Spott, als wir zwischen Kühltruhen und Konservenregalen stehen blieben. »Haben meine Gene Craig Edwards besucht, ohne dass ich davon wusste? Oder wollen wir die gute Zusammenarbeit starten?«

»Weder noch«, antwortete ich und griff in die linke Innentasche meines Jacketts. Doch was ich herausziehen wollte, musste stecken bleiben.

Denn Dragg versetzte mir einen Stoß vor die Brust.

Ich wurde quer über die Kühltruhe geschleudert. Mit dem Rücken krachte ich auf die durchsichtige Kunststoffabdeckung.

Dragg sprintete im selben Moment los – Richtung Ladenausgang. Doch er hatte die Rechnung ohne Phil gemacht. Während ich noch wie ein Käfer auf dem Rücken zappelte, nahm mein Partner die Verfolgung auf, fest entschlossen, die Schlappe auszubügeln, die Dragg ihm in seinem Büro zugefügt hatte.

Noch vor der Ladentür holte Phil den Fliehenden ein.

Ich schob mich von dem glatten Kunststoff, der zum Glück standgehalten hatte. Als ich auf den Füßen stand, sah ich, wie mein Partner sich mit einem Satz auf den Pizzamann warf. Dragg brüllte vor Wut, als er lang hinschlug.

Phil fackelte nicht lange. Bevor Dragg auch nur daran denken konnte, sich hochzustemmen, kniete Phil auf seinen Schultern und packte seine Arme. Ich war im nächsten Augenblick zur Stelle und ging ebenfalls in die Knie – auf Draggs Beinen.

»Er hat's mit dem Weglaufen«, sagte Phil kopfschüttelnd während ich meine Handschellen vom Hosenbund löste. »Bestimmt hat er ein Gen für sinnlose Flucht, gegen das er nichts machen kann.«

Phil glitt von Draggs Schultern zur Seite und reichte mir dessen Handgelenke. Ich legte die Stahlacht darüber und ließ sie einrasten. Anschließend stellte wir den Mann auf die Füße.

»Ich glaube eher, es ist ein Gen für Unvernunft«, sagte ich, ohne den Blick von Dragg zu wenden. »Menschenskind, Dragg, Sie reißen sich selbst in den Schlamassel und merken es wahrscheinlich gar nicht.«

Verbissen kniff er den Mund zusammen. Meine Worte wirkten also. Dabei ahnte ich in dieser Minute noch nicht mal, dass Dragg schon viel tiefer im Schlamassel steckte, als wir annahmen.

Ich präsentierte ihm das Ergebnis unseres nachmittäglichen Termins im Federal Court. Das Blatt Papier knisterte, als ich es aus der Innentasche meines Jacketts zog und auseinanderfaltete. Dragg starrte es wütend an.

Nach dem Durchsuchungsbefehl kannte er diese Art von Dokumenten, auch wenn er im Moment nur die Rückseite sah.

Ich las ihm den wichtigsten Teil der Vorderseite vor.

»Ronan Dragg, ich verhafte Sie wegen Mordes an Craig Edwards.«

Phil belehrte ihn über seine Rechte, aber er schien schon nicht mehr zuzuhören, denn er schloss die Augen und stellte wahrscheinlich auch die Gehörgänge auf Durchzug. Mit allem hatte er vielleicht gerechnet, nur nicht damit, dass wir ihn aus dem Verkehr zogen.

»Weißt du was?«, sagte ich zu Phil, und es war möglich, dass ich dabei sogar mit den Zähnen knirschte.

»Noch nicht«, antworte er. »Aber wie ich dich kenne, wirst du es mir gleich sagen.«

»Ich muss mich zusammenreißen, um diesen Kerl nicht am Kragen zu packen und aus seiner Bude zu schleifen.«

Phil nickte verständnisvoll. Nachdenklich blickte er durch die Windschutzscheibe meines Jaguars. Wir fuhren auf dem Van Wyck Expressway, waren unterwegs nach Richmond Hill. Auf dem Dach meines Jaguars klebte das Magnetrotlicht und sandte seine kreisenden Glutstrahlen aus. Auf die Sirene verzichtete ich. Wir kamen auch so gut voran, denn es herrschte weniges Verkehr. Das Rotlicht war in der Dunkelheit deutlich zu sehen und sollte vor allem ein Signal für Beamte der Highway Patrol sein, die uns sonst unweigerlich als Geschwindigkeitssünder gestoppt hätten.

Wir hatten es höllisch eilig.

Und dass die Wut in mir kochte, war verständlich. Phil wirkte zwar beherrschter, neben mir, auf dem Beifahrersitz. Aber ich kannte ihn lange genug, um zu wissen, dass es bei ihm unter der Oberfläche genauso brodelte wie bei mir. G-men sind letzten Endes auch nur Menschen.

Wir hatten Dragg ins Untersuchungsgefängnis auf Rikers Island abtransportieren lassen und dann mit dem Ehepaar Moon gesprochen. Wir konnten noch immer nicht fassen, was sie uns erzählt hatten. Es war einfach ungeheuerlich, was sich in Howard Beach zusammenbraute.

Was Moon Chung-hee und seine Frau bereits erleiden mussten und noch erleiden sollten, überstieg mein Vorstellungsvermögen von dem, was ich skrupellosen Menschen an Grausamkeiten zutraute. Es war gut, dass wir ein Stück fahren mussten. Ich hoffte, dass es uns helfen würde, innerlich abzukühlen.

Mr High hatte mich ermahnt, den Deckel draufzuhalten. Über Handy hatte ich ihm erklärt, was ich vorhatte. Er war einverstanden. Allerdings hatte ich die Besorgnis aus seiner Stimme gehört. Es zeigte mir, dass er wusste, wie wir uns fühlten, und dass er an unserer Stelle nicht anders empfunden hätte.

Wir hatten Lieutenant Foley gebeten, zwei Beamte zum direkten Schutz des Ehepaars Moon abzustellen und weitere Kollegen in Bereitschaft zu halten. Erst nach dem Eintreffen der beiden Cops waren Phil und ich losgefahren.

Dass der Abend so laufen würde, hätten wir noch am späten Nachmittag nicht für möglich gehalten. Doch eins war mir schon zu dem Zeitpunkt klar gewesen. Ich brauchte unbedingt den Haftbefehl für Ronan Dragg. Unter den Tatort-Spuren vom Mord an Craig Edwards musste es irgendetwas geben, aus dem sich ein Haftgrund zusammenschustern ließ. Wir hatten mit zermürbender Kleinarbeit gerechnet.

Dann jedoch, im Labor der Scientific Research Division, hatte ein Geschenk des Himmels auf uns gewartet. Diesmal war es zwar nicht Christine gewesen, die uns mit guten Neuigkeiten beglückte, aber ihre Kollegin von der Spurensicherung brachte die gute Nachricht keinen Deut schlechter rüber.

Es hatte einen zusätzlichen Fund gegeben, als die Spuren aus Craig Edwards' Wohnung noch einmal gesichtet worden waren. An einigen der Baumwollfasern unter den Fingernägeln des toten Craig Edwards hatten mikroskopisch feine Spuren von Mehl gehaftet. Das war immerhin ein besserer Beweis für Draggs Anwesenheit in der Wohnung unseres V-Manns, als es Baumwollfasern und Mehlspuren jeweils für sich allein sein konnten.

Phil und ich hatten den Federal Attorney davon überzeugt, dass wir mit dem neuen Beweismaterial weiterkommen würden. Gemeinsam mit dem Bundesanwalt hatten wir den Richter im Federal Court überzeugt. Der Haftbefehl gegen Ronan Dragg hatte damit zwar immer noch auf tönernen Füßen gestanden. Nun aber hatte er selbst den Nachtrag geliefert.

Im Büro des Bundesrichters, das rund um die Uhr besetzt war, wurde der Haftbefehl gegen Dragg schon in diesen Minuten ergänzt. Drei Punkte waren es, die uns für Draggs Festnahme nachträglich ein sicheres und betonhartes Fundament lieferten.

Erstens: Der Pizzamann hatte den Moons mit der Auslöschung ihrer Existenz gedroht.

Zweitens: Vielleicht waren der Überfall auf Shin-cho und die Entführung Su-daes schon der Auftakt dazu.

Drittens: Dragg hatte gegenüber Chung-hee eingestanden, für den Boscolo-Mob zu arbeiten.

Damit hatte sich meine ursprüngliche Absicht bestätigt.

Ich hatte mich so verbissen bemüht, den Haftbefehl gegen Dragg zu bekommen, weil ich wusste, dass er der Schlüssel war, über den wir im Mordfall Edwards weiterkommen würden – auch wenn er womöglich nicht der Mörder war.

Denn ich war überzeugt, dass Dragg ein falsches Spiel mit uns vorgehabt hatte. Ihm das zu vereiteln und seinen Kontakt sowohl zur Mafia als auch zum FBI abzuschneiden, erreichten wir am besten, indem wir ihn in Untersuchungshaft steckten. So hatte meine Taktik aussehen sollen.

Das war jetzt alles überholt.

Wir gingen aufs Ganze.

Ohne Rücksicht auf Verluste.

Natürlich durften wir den Rahmen der Gesetze niemals überschreiten. Doch wenn wir die Möglichkeiten, die wir in diesem Rahmen hatten, voll ausschöpften, konnten wir schon eine verdammte Menge ausrichten. Denn es ging um nicht mehr und nicht weniger als um das Schicksal einer Familie. Dem Ehepaar Moon, das sich mit harter Arbeit eine solide Existenz aufgebaut hatte, sollte alles genommen werden. Erst die Kinder, dann die Lebensgrundlage – das Geschäft.

Und das nur, weil sie aus Korea kamen.

Solche Feindseligkeiten gegenüber eingebürgerten amerikanischen Staatsbürgern konnten mich zur Weißglut bringen. Dieser Fall aber war schlimmer als alles, was Phil und ich bisher erlebt hatten. Joel Boscolos Gangsterhorde schreckte vor nichts zurück, und es war zu befürchten, dass der Angriff auf die Familie Moon nur der Anfang gemeiner und rücksichtsloser Attacken sein würde.

Ein hell erleuchtetes Verteilersystem kam in Sicht. Ich

nahm Gas weg und fädelte den Jaguar in die Abbiegespur zur Jamaica Avenue ein, westliche Richtung. Unser Ziel war die Nummer 86 am Park Lane in Richmond Hill. Eine noble Adresse zwischen Woodhaven Boulevard und Myrtle Avenue, direkt am Forest Park.

Von Lieutenant Foley wussten wir, dass Fotos von Moon Su-dae inzwischen an alle Dienststellen verteilt worden waren. Als Bilddatei, per E-Mail-Rundsendung auf den Weg gebracht, war das eine Sache von Sekunden. Weil jeder Streifenwagen und jedes andere Einsatzfahrzeug mit kompletten Computerterminals ausgestattet war, stand Su-daes Porträt sicherlich schon auf Tausenden von Bildschirmen.

Auch in den Fernsehsendungen würde es Einblendungen geben. Die Radiosender würden Su-daes Personenbeschreibung durchgeben, und die Zeitungen würden ihr Foto und den entsprechenden Text in den nächst erreichbaren Ausgaben bringen – also in den Online-Ausgaben schon innerhalb der nächsten Viertelstunde und in den Print-Ausgaben am kommenden Morgen.

Bald würde fast jeder Einwohner im Großraum New York über die Entführung Su-daes Bescheid wissen. Das setzte die Kidnapper unter erheblichen Druck. Sie mussten ihr Opfer dort lassen, wo sie es jetzt gefangenhielten. Wenn sie auch nur versuchten, Su-dae in ein anderes Versteck zu bringen, liefen sie Gefahr, dass jemand die junge Frau erkannte und die Polizei verständigte.

Über Shin-cho wurde nichts berichtet, um ihn nicht zu gefährden. Mr High hatte die Journalisten gebeten, sich daran zu halten. Sie hatten eingewilligt. Jeder wusste, dass ein Hospital keine uneinnehmbare Festung war. Der Personenschutz, der dort für Shin-cho aufgebaut worden war, hatte zwar keinerlei Lücken, aber man musste die

Entführer seiner Schwester letztlich nicht mit der Nase darauf stoßen, in welchem Krankenhaus und auf welcher Intensivstation er zu finden war.

Über Shin-chos Zustand hatte Mr High keine Verlautbarung abgegeben. Nur seine Eltern, ein paar Kollegen und wir wussten, dass es ihm den Umständen entsprechend gut ging. Sein Zustand war stabil und hatte sich immerhin nicht verschlechtert. So schwer es ihnen auch fiel, hatten seine Eltern eingewilligt, ihn vorläufig nicht zu besuchen. Die Gefahr, dass sie auf der Fahrt zum Hospital von Gangstern beobachtet wurden, war zu groß.

Ich parkte den Jaguar unter einer Straßenlampe. Phil nannte der Funkzentrale unsere Position und teilte mit, dass wir das Fahrzeug verließen. Mr High wurde ebenfalls informiert. Er hatte den Kollegen in der Zentrale eine entsprechende Anweisung erteilt. Für uns stand fest, dass der Chef die ganze Nacht über im Büro bleiben würde. Er brauchte das Gefühl, die Weichen für Phil und mich stellen zu können, wenn wir uns in einem Einsatz befanden, bei dem es um Menschenleben ging.

In solchen Fällen fand Mr High einfach keine Ruhe. Wir konnten nur vermuten, dass es die Erinnerung an das Ende seiner eigenen Familie war, die das bewirkte. Er sprach nie darüber.

Bevor wir ausstiegen, überprüften wir die Walkie-Talkies und unsere Dienstwaffen. Die Pistolen waren geladen und gesichert, wie vorgeschrieben. Die handlichen Funkgeräte fürs Gürtelfutteral dienten unserer Verständigung mit der Eingreifreserve – für den Fall, dass wir die Verstärkung brauchten. Eine kurze Sprechprobe bestätigte, dass die Funkverbindung klappte.

Park Lane war eine ruhige Straße, besonders jetzt, da der neue Tag eine halbe Stunde alt war. Es gab genügend freie Parkplätze an den Bordsteinkanten. Nur vereinzelt standen Autos am Fahrbahnrand, unter großen alten Platanen. Wer in dieser Gegend wohnte, besaß die erforderlichen Garagen für seinen edlen Fuhrpark.

Dass sich Einsatzfahrzeuge des Police Department heimlich still und leise um das Grundstück Nummer 86 verteilt hatten, war Mr Highs Werk. Er hatte es veranlasst, während Phil und ich unterwegs gewesen waren.

Das Anwesen war von einer mehr als mannshohen Einfriedigungsmauer umgeben. Durch die Gitterstäbe des schmiedeeisernen Tors und der kleinen Pforte sahen wir, dass offenbar jeder Winkel der Gartenanlagen durch Außenlampen ausgeleuchtet war.

Das Haus stand auf einer künstlichen kleinen Anhöhe – eine moderne Architektenvilla mit mehreren Giebeln und Gauben. Sogar einen kleinen Turm gab es. Zum Weiß der Wände bildeten die schiefergrauen Dächer einen wirkungsvollen Kontrast. Hinter drei oder vier Fenstern im Erdgeschoss und hinter zwei Fenstern im Obergeschoss brannte noch Licht.

Trotz der späten Stunde bekamen wir keine Probleme. Nachdem wir geklingelt hatten, flammten Lampen auf den Torpfosten auf, und eine automatische Ansage wies uns an, uns zu identifizieren. Wir nannten unsere Namen und hielten die Dienstausweise in die Überwachungskamera. Statt einer Antwort summte der Öffner der Pforte.

Phil und ich wechselten einen erstaunten Blick und traten ein. Hinter uns schloss sich die Pforte mit einem leisen, metallischen Klicken.

»Verstehst du das?«, sagte mein Partner, während wir

die Zufahrt hinaufstiefelten. »Das kommt einem ja vor, als wäre Besuch vom FBI hier die selbstverständlichste Sache der Welt.«

Ich zuckte mit den Schultern. »Oder die alten Zeiten werden wieder lebendig. Denk mal daran, was Old Neville uns erzählt hat. Früher hat man G-men grundsätzlich erst mal reingelassen und dann überlegt, ob man sie am Leben lässt oder umlegt.«

»Und mit Betonschuhen in den Hudson River versenkt«, fügte Phil hinzu.

Neville, unser inzwischen pensionierter Archivar, hatte die Ära der blutigen Gangsterkriege als junger Special Agent miterlebt. Es war die Zeit gewesen, in der ein gewisser New Yorker namens Al Capone nach Chicago übergesiedelt war, um dort seine fragwürdige Karriere zu beginnen.

Zwei Kerle wie aus dem Bilderbuch der Ehrenwerten Gesellschaft öffneten uns die Tür. Schwarze Anzüge und weiße Rollkragenpullover saßen perfekt maßgeschneidert über den Muskelpaketen. Der militärisch kurze Haarschnitt und die bartlosen Gesichter ließen sie wie Zwillinge aussehen.

»Auch noch im Dienst?«, sagte Phil mit gespieltem Mitgefühl. »Nachtschicht oder Frühschicht?«

Er erhielt keine Antwort. Also präsentierten wir noch einmal unsere Dienstausweise, und ich erklärte, dass wir den Hausherrn sprechen wollten. Die beiden Wortkargen hatten nicht das Geringste dagegen einzuwenden und winkten uns mit sich. Als ob wir erwartet worden wären.

Zu viert durchquerten wir eine geräumige Diele mit großem Marmorkamin und Originalgemälden. Unser kurzer Marsch endete in einem Zimmer, dessen Wände mit hohen, schmalen Spiegeln vollgepflastert waren. Zwischen den Spiegeln waren Wandlampen angebracht, die ein gelblich weiches Licht erzeugten.

Deshalb sahen wir Joel Boscolo sieben bis acht mal, wie er an einem Sideboard lehnte und uns mit einem Whiskeyglas zuprostete. Er trug einen eleganten hellblauen Sommeranzug, ein beigefarbenes T-Shirt unter dem Jackett und leichte Leinenschuhe, deren Blau zur Anzugfarbe passte. Die brillantenbesetzte Rolex funkelte an seinem Handgelenk, als er das Glas beiseite stellte und sich eine Zigarette anzündete. Ein Stück rechts von vom Sideboard säumte eine schwere dunkelrote Samtportiere einen offenen Durchgang, der in ein Nebenzimmer führte.

Das Spiegelkabinett erzeugte auch von den Bodyguards und uns Mehrfachbilder. Insofern waren die Voraussetzungen für alle Anwesenden gleich. Die Bodyguards übernahmen es, Phil und mich namentlich vorzustellen. Britische Butler hätten es kaum besser hingekriegt.

»Willkommen in meinem Haus, Gentlemen«, sagte Boscolo junior und ließ dabei ein öliges Lächeln auf seinem Rundgesicht erscheinen. »Sie sehen, ich habe nichts zu verbergen – nicht mal zu dieser späten Stunde. Und ich frage Sie auch nicht nach einer richterlichen Befugnis oder irgendwelchen anderen Dokumenten. Das tun doch nur die Typen in den Hollywood-Filmen.« Er lachte und sprach sofort weiter. »Nein, ich sage mir, Angriff ist die beste Verteidigung. Das ist natürlich nur im übertragenen Sinn gemeint. Wissen Sie, für mich sind die Dinge ziemlich eindeutig. Nachdem Sie meinen Onkel und meinen Vater ins Gefängnis gebracht haben, werden Sie es auch mit mir versuchen. Ob Sie es glauben oder nicht, das kann ich sogar verstehen. Also lade ich Sie einfach zu mir ein, um zu erfahren, was Sie gegen mich vorzubringen haben – bevor ich es von anderen erfahre.«

»Danke für die freundliche Ansprache«, sagte ich, als er seinen Redeschwall unterbrach, um Luft zu holen. »Von uns kriegen Sie nur Klartext, Boscolo.«

»Genau darum hatte ich ja gebeten«, entgegnete er spöttisch. »Darf ich Ihnen einen Drink anbieten?«

»Nein, vielen Dank«, antwortete Phil.

Boscolos Leibwächter, links und rechts hinter uns, lachten leise glucksend. Ihrer Ansicht nach hatte ihr Boss einen Punkt gegen uns gemacht. Er wirkte überlegen, schien die Situation vollständig im Griff zu haben.

»Sie haben Glück, dass Sie mich überhaupt in diesem Haus antreffen«, ließ er uns gnädig wissen. »Die meiste Zeit halte ich mich nämlich an unserem Familiensitz in Howard Beach auf.«

»Wir hätten Sie überall gefunden«, entgegnete ich hart. »Machen Sie sich nichts vor.«

Dass wir seinen Aufenthaltsort von Lieutenant Foley erfahren hatten, würden wir ihm nicht auf die Nase binden. Foley hatte nämlich Undercover-Beamte im Einsatz, von denen er wusste, wo sich Joel Boscolo aufhielt. Gemeinsam mit seiner Mutter. Mindestens einmal die Woche musste sie in seinem Junggesellenpalast in Richmond Hill nach dem Rechten sehen. Auch jetzt hielt sie sich hier auf, irgendwo im Gebäude.

Simon Boscolo, der nichtsnutzige Bruder, war allein zu Haus in Howard Beach.

Joel inhalierte einen Zug aus der Zigarette und stieß den Rauch durch die Nase aus. »Ihr Ton gefällt mir nicht, Mr Cotton.« Wie er es sagte, klang es immer noch höflich. Doch ein gereizter Unterton war nicht zu überhören.

Ich grinste, als ich mir vorstellte, ihn am Kragen zu

packen und hinauszuschleifen. Meine Wut war nicht vollends verraucht, aber deutlich gedämpft. Mr High hatte Recht behalten.

»Sie kennen Ronan Dragg?«, fragte Phil übergangslos.

»Aber ja«, antwortete Boscolo sofort. »Ronny macht die beste Pizza in ganz Howard Beach. Mindestens. Wenn nicht in ganz New York.«

Den nächsten Satz knallte ich ihm gezielt an den Kopf.

»Er sitzt auf Rikers Island.«

Dem Juniorboss klappte die Kinnlade herunter.

Ich hörte, wie auch die Bodyguards der Atem stockte.

»Was?«, stieß Boscolo hervor. »Was sagen Sie da?«

»Phil«, sagte ich. »Vielleicht hast du eine bessere Aussprache.«

»Ronan Dragg sitzt auf Rikers Island in Untersuchungshaft«, erklärte mein Partner langsam und deutlich.

»Nein«, hauchte der Hausherr. »Was hat er denn getan? Ich meine, ich kenne ihn als einen durch und durch rechtschaffenen Mann. Ich kann mir überhaupt nicht vorstellen ...«

Mir riss der Faden.

»Hören Sie auf«, schnitt ich ihm das Wort ab. »Ronan Dragg war in Ihrem Auftrag in Danny's Deli, bei Moon Chung-hee und seiner Frau.«

»Zum Einkaufen schicke ich normalerweise Hausangestellte«, versuchte er erneut den spöttisch Überlegenen zu spielen. Er sandte den Leibwächtern beifallheischende Blicke zu, und die beiden stimmten gehorsam ihr amüsiertes Glucksen an.

»Dragg wurde nicht wegen Einkaufens verhaftet«, erklärte Phil sarkastisch.

Die Bodyguards quittierten auch diese Bemerkung mit ihrem Heiterkeitsbeweis, doch sie verstummten sofort, als der Juniorboss ihnen einen ärgerlichen Blick zuwarf.

»Dragg steht unter dem Verdacht, Craig Edwards ermordet zu haben«, erklärte ich. »Das ist der Haftgrund Nummer eins. Aber es gibt drei weitere Gründe. Dragg hat der Familie Moon gedroht, ihre Existenz auszulöschen – in Ihrem Auftrag, Boscolo. Außerdem ...«

»Nein!«, schrie er. »Das ist nicht wahr!«

Ich ließ mich nicht beirren. »Außerdem wurden der Sohn und die Tochter der Moons überfallen. Shin-cho schwebt in Lebensgefahr. Su-dae wurde entführt. Ronan Dragg wird sich zumindest wegen Mitwisserschaft verantworten müssen. Und der dritte Punkt ist: Dragg hat zugegeben, dass er für Sie arbeitet, Boscolo.«

»Er wird unser Kronzeuge«, fügte Phil hinzu. »Ziehen Sie sich schon mal warm an.«

Boscolo erbleichte. Er starrte uns an, und seine Augen schienen dabei aus den Höhlen quellen zu wollen. Wie in Trance ließ er die noch glimmende Zigarette in den Aschenbecher auf dem Sideboard fallen. Ich rechnete damit, dass seine Hand unter das Jackett fahren würde. Doch nichts dergleichen geschah. Sein Blick blieb starr, und er wirkte wie gelähmt.

»Und jetzt zu Ihnen«, sagte ich schneidend. »Joel Boscolo, Sie sind vorläufig festgenommen – wegen Verdachts auf Kidnapping oder Anstiftung zum Kidnapping und wegen Anstiftung zur vorsätzlichen Körperverletzung.«

Boscolo rang nach Atem. Sein Mund öffnete und schloss sich, und er erinnerte an einen Fisch auf dem Trockenen.

Die Leibwächter standen auf dem Sprung, warteten

auf eine Anweisung. Die Spiegelbilder, am Rand meines Blickfelds, zeigten es deutlich.

Das Unerwartete geschah.

»Wagen Sie es nicht!«, gellte eine schneidende Stimme.

Die Stimme einer Frau.

Joel Boscolo zuckte ungewollt zusammen.

Auch die Leibwächter duckten sich unwillkürlich.

Phil und ich glaubten, unseren Augen nicht zu trauen, als wir die Frau sahen.

Lilian Boscolo erschien zwischen den Portieren. Eine elegante Frau, selbst mit Ende fünfzig noch eine Schönheit. Sie trug ein elegantes graues Kostüm und eine schimmernde dunkelrote Seidenbluse. Sie hatte das lange dunkle Haar im Nacken hochgesteckt, und auf den hohen Absätzen der Pumps bewegte sie sich mit vollendeter Sicherheit.

Nur ein einziges Detail an ihr war hässlich.

Die Pistole, die sie auf uns richtete.

Es war eine Beretta, Kaliber neun Milimeter. Sie hielt die schwere Waffe mit beiden Händen. Ein Kilo Stahl, Magazin plus Patronen mitgerechnet. Drei Schritte neben ihrem Sohn blieb sie stehen.

»Niemand bringt einen Boscolo gewaltsam aus diesem Haus«, sagte sie eisig. Ihre Augen funkelten zwischen zusammengezogenen Lidern. »Wenn es kein anderer tut, werde ich es zu verhindern wissen.«

»Madam«, sagte ich. »Nehmen Sie die Waffe herunter. Dann passiert Ihnen nichts.«

Sie lachte schrill. »Junger Mann, Sie verkennen die Tatsachen! Die Einzigen, denen hier etwas zu passieren droht, sind Sie und Ihr Kollege.«

»Das Grundstück ist umstellt«, sagte Phil warnend. »Draußen steht ein Kommando der Emergency Service

Unit. Eine Anti-Terror-Einheit. Fällt auch nur ein einziger Schuss, wird das Haus gestürmt.«

»Bluff«, entgegnete Lilian Boscolo geringschätzig. »Es ist an der Zeit, die alten Werte wieder herzustellen. Zu Zeiten meines Mannes und meines Schwagers wurde unsere Familie noch respektiert. Wer sich nicht daran hielt, dem wurde Respekt beigebracht. Auch Ihresgleichen und all den anderen Handlangern dieses korrupten Staatswesens. Solange man sich ihrer bedienen konnte, waren unsere Männer gut. Doch sobald sie zu viel wussten, steckte man sie ins Gefängnis.«

»Madam«, erwiderte ich, um Zeit zu gewinnen. »Sie müssen doch zugeben, dass das an den Haaren herbeigezogen ist. Diese hanebüchenen Argumente wurden in keiner Gerichtsverhandlung ernst genommen. Sicher hat es vereinzelt korrupte Politiker gegeben, wie es immer wieder schwarze Schafe geben wird. Aber keiner von ihnen hatte jemals die Macht, das FBI oder andere Polizeibehörden dafür zu benutzen, sich selbst reinzuwaschen.«

Lilian beachtete mich nicht. »Cyrus! Gordon!«, rief sie mit klirrender Stimme. »Nehmt ihnen die Waffen ab.«

Die Spiegel halfen uns.

Die Bodyguards schienen nicht zu begreifen, dass wir sie sahen. Dass wir schon den Ansatz ihrer Bewegungen erkannten. Wahrscheinlich hielten sie sich so oft in diesem Zimmer auf, dass sie die Spiegel schon nicht mehr wahrnahmen.

Phil und ich verständigten uns mit einem Blick. Worte waren nicht erforderlich. Wir arbeiteten lange genug zusammen.

»Die Hände hoch!«, befahl der Kerl, der links hinter mir stand. Um die Anordnung durchzusetzen, griffen beide gleichzeitig nach ihren Waffen.

Phil und ich warteten nicht, bis sie damit fertig waren. Statt die Hände zu heben, duckten wir uns und wirbelten gleichzeitig herum. In flachem Sprung schnellte ich auf meinen Mann los. Mein Rammstoß mit beiden Fäusten erwischte ihn in der Körpermitte. Er klappte zusammen. Sein Schießeisen hatte er augenblicklich vergessen.

Rechtzeitig wich ich zur Seite und ließ ihn vornüberkippen. Aus den Augenwinkeln heraus sah ich, dass Phil auf ähnliche Weise mit seinem Gegner fertig wurde. Aber die beiden dachten nicht im Traum daran, schon aufzugeben. Schließlich wollten sie ihren Job nicht verlieren. Dass das so oder so geschehen würde, war ihnen noch nicht klar.

»Aufhören!«, kreischte Lilian Boscolo. »Sofort aufhören!«

Wen sie damit meinte und was genau sie damit meinte, kapierte keiner von uns. Ich war voll damit beschäftigt, meinen Gegner abzublocken, der mit einem Trommelwirbel von Fausthieben auf mich losging. Phils Widerpart, nebenan, versuchte es mit eingezogenem Kopf. Doch die Schädelramme stieß ins Leere, als mein Partner blitzartig auswich. Stattdessen kassierte der Leibwächter eine Handkanten-Dublette, die ihn auf die Bretter schickte – wie vom Blitz gefällt.

Ich hatte Mühe, meinen Kontrahenten auf Distanz zu halten. Mit der Verbissenheit eines Terriers versuchte er wieder und wieder, auf mich einzudreschen.

»Schluss jetzt!«, schrillte Lilian Boscolos Stimme wieder. »Verdammt noch mal! Es reicht!«

Ihr Sohn versuchte, sie zu beruhigen. Mit leiser Stimme redete er auf sie ein, doch sie brachte ihn mit einer Handbewegung zum Schweigen. Lilian kreischte erneut. Diesmal verstand ich es nicht, denn ich kam bei meinem Gegner mit einem schmetternden Aufwärtshaken durch.

Er ruderte mit den Armen, wankte rückwärts. Ich setzte nach, um ihm dem Rest zu geben.

Ein Schuss krachte.

Es dröhnte wie Donner in dem geschlossenen Raum.

Ich registrierte das Geschehen blitzartig und wie in Zeitlupe zugleich.

Die rudernden Arme meines Gegners fielen kraftlos herab, noch bevor er zusammensackte.

Joel Boscolo hatte sich zu Boden geworfen, barg das Gesicht zwischen den Armen.

Lilians hassverzerrtes Gesicht stand wie eine Fratze hinter ihrer Waffe, als sie zielte. Ihr Zeigefinger krümmte sich von neuem.

Auch ich ging auf Tauchstation. Phil lag bereits in Deckung hinter seinem bewusstlosen Gegner. Phil hatte seine Dienstpistole gezogen. Ich folgte seinem Beispiel.

Wieder brüllte die Beretta.

Diesmal spürte ich das Sengen des Geschosses über meinem Hinterkopf. Knapp hinter mir pflügte es berstend eine Furche ins Parkett. Abermals verständigten Phil und ich uns durch Blickkontakt.

»Lassen Sie die Waffe fallen!«, rief ich schneidend.

Lilian reagierte nicht. Stattdessen krümmte sich ihr Zeigefinger erneut. Phil und ich reagierten auf der Stelle, rollten uns zur Seite, voneinander weg.

Wieder wummerte die Beretta. Diesmal traf es das Parkett nahe der Stelle, an der Phil eben noch gelegen hatte. Splitter wurden aus dem polierten Hartholz gerissen, wirbelten hoch.

Mein Partner und ich feuerten im selben Augenblick. Uns blieb keine andere Wahl. Wir jagten die Kugeln hoch genug über den Kopf der Frau hinweg – aber auch tief genug, um die Schüsse als Warnung wirken zu lassen.

Gleich zwei Spiegel gingen zu Bruch. Ein Scherbenregen klirrte zu Boden.

Lilian zuckte zusammen, duckte sich wie unter einem mörderischen Hieb. Entsetzt stierte sie auf das Bild, das sich ihr bot. Der angeschossene Leibwächter in einer Blutlache. Ihr Sohn auf dem Boden. Unsere Waffen im Anschlag. Sie wurde kalkweiß im Gesicht. Erst jetzt schien sie zu begreifen, was sie angerichtet hatte.

Die Beretta löste sich aus ihren Händen und polterte zu Boden. Sie begann zu zittern. Etwas wie ein Krampf erfasste ihren Körper und schüttelte ihn durch.

Phil und ich rappelten uns auf. Während wir hinübergingen, verständigte ich die Kollegen über Walkie-Talkie. Phil kickte die Beretta aus Lilians Reichweite. Wir halfen ihr in einen Sessel. Sie schluchzte laut. Es war nicht mehr damit zu rechnen, dass von diesem Häufchen Elend noch eine Gefahr ausgehen würde.

Beide Bodyguards waren noch ohne Bewusstsein. Trotzdem behielten wir sie im Auge, als wir Joel Boscolo auf die Füße stellten.

»Verbessern Sie Ihre Lage«, riet ich ihm. »Sagen Sie uns, wo Moon Su-dae gefangengehalten wird.«

»Wer oder was ist Moon Su-dae?«, erwiderte er und grinste frech. »Eine Comicfigur? Müsste ich die kennen?«

Ich ballte die Hände zu Fäusten.

»Jerry!«, mahnte Phil leise und ergriff meinen Unterarm.

Aber ich hatte mich sowieso unter Kontrolle. Überdies stürmten in dieser Sekunde die Anti-Terror-Cops ins Zimmer. Sie übernahmen Joel Boscolo, seine Mutter und den unverletzten Leibwächter. Für alle würde die Fahrt auf Rikers Island enden. Auch für den Angeschossenen, der mit einem Rettungswagen ins Gefängnishospital gebracht wurde.

Einen Grund zum Aufatmen gab es dennoch nicht. Okay, wir hatten den Kopf des Raubtiers Mafia vom Rumpf getrennt. Nur wusste der Rumpf nichts davon, und deshalb würde er weitermachen wie bisher.

Kapitel 8

Wasser plätscherte, schmatzte und gurgelte. Etwas summte. Der Boden war weich, aber er vibrierte. Hatte es mit dem Summen zu tun? Vielleicht stammte es von einem Elektromotor, der ständig lief. Aber warum?

Eine Klimaanlage, durchzuckte es Su-dae. Erst jetzt wurde ihr bewusst, dass die Temperatur erträglich war. Obwohl sie sich in einem geschlossenen Raum zu befinden schien, war es nicht stickig.

Dabei fiel ihr das Atmen schwer. Luft bekam sie nur durch die Nase. In ihrem Mund steckte ein dicker Stoffklumpen. Ihre Lippen waren mit Klebeband versiegelt. Der Druck des Knebels reichte bis nach hinten in den Hals und legte sich auf die Atemwege.

Sie war von völliger Finsternis umgeben. Das lag nicht ausschließlich an der Augenbinde, die man ihr angelegt hatte. Der Raum, in dem sie sich befand, musste stockdunkel sein, vielleicht fensterlos. Bei eingeschaltetem Licht hätte sie wenigstens einen Schimmer von Helligkeit gesehen.

Sie lag halb auf der linken Seite, weil ihre Arme auf den Rücken gefesselt waren. Die Kunststoffschnüre, die ihre Bezwinger dazu verwendet hatten, schnitten tief in ihre Handgelenke und verursachten einen andauernden Schmerz. So verhielt es sich auch mit ihren Fußgelenken, die ähnlich straff gefesselt worden waren.

Sie hatte sich mit den Schmerzen arrangiert. Sie wusste, dass es keine Linderung geben würde. Deshalb wagte sie nicht, sich zu bewegen, weil sie befürchtete, es dadurch nur noch schlimmer zu machen. Eine Zeitlang hatte sie mit dem Gedanken gespielt, sich auf den Bauch zu drehen. Doch sie hatte die Idee verworfen. Denn womöglich bekam sie überhaupt keine Luft mehr, wenn sich der Knebel weiter in ihren Hals drückte. Und wenn sie dann womöglich nicht in ihre jetzige Lage zurückkehren konnte, war es um sie geschehen.

In der Tiefe ihres Bewusstseins lauerte die Angst wie ein wildes, blutrünstiges Tier. Bis jetzt hatte sie es geschafft, diese Angst im Zaum zu halten. Doch sie wusste nicht, wie lange sie dazu noch in der Lage sein würde. Am schlimmsten für sie war, nicht zu wissen, was mit ihr geschehen würde.

Wenn plötzlich jemand auftauchte und sie erschoss, o Gott, dann würde sie sterben, ohne das Licht und das Leben wieder gesehen zu haben.

Nach der Entführung aus Michaels Wagen war sie auch erst hier, in diesem stockfinsteren Raum, wieder zu sich gekommen. Wohin sie gebracht worden war, wie lange sie unterwegs gewesen war – von all dem hatte sie nichts mitbekommen. Waren Stunden vergangen? Oder gar Tage? Vielleicht hatte man sie unterwegs zusätzlich betäubt.

Unvermittelt vernahm Su-dae ein neues Geräusch.

Anfangs war es nur ein dumpfes Dröhnen. Dann, als es näher kam, teilte es sich in rhythmische Abstände auf.

Schritte.

Su-daes Herz begann zu hämmern. Ihre Atemnot verstärkte sich. Sie spürte Panik in sich aufsteigen und nach einem Ventil suchen. Wenn sie wenigstens hätte schreien können! Doch nichts dergleichen war möglich. Nur den Tränen, die in ihre Augen drängten, konnte sie freien Lauf lassen.

Die Schritte stoppten. Eine Tür wurde geöffnet. Ein heller Schimmer drang durch die Augenbinde. Es musste

Licht eingeschaltet worden sein. Die Schritte näherten sich weiter. Dann ließ sich jemand neben Su-dae nieder. Sie hörte den Atem der Person. Dann ertönte eine höhnische Stimme, die sie sofort erkannte.

»Immer noch frisch und munter, was?« Es war Toni Randall.

Su-dae konnte nichts weiter tun, als einen gurgelnden Laut von sich zu geben. Dass sie damit ihren Protest auszudrücken versuchte, interessierte Toni garantiert nicht.

Die harten Finger der Dunkelhaarigen nestelten an Su-daes Augenbinde. Gleich darauf zog sie ihr das Tuch über den Kopf. Es wurde heller, obwohl Su-dae die Augen noch geschlossen hielt. Im nächsten Moment gab es einen heftigen Ruck und einen durchdringenden Schmerz, als Toni ihr den Klebestreifen vom Mund zog. Su-daes Schrei blieb tief in ihrer Kehle stecken. Doch gleich darauf wurde ihr der Stoffklumpen aus dem Mund gerissen. Sie krächzte und hustete, bis es schließlich ungehindert aus ihr hervorbrach.

Alles lag in diesem Schrei. Alles, was sie durchgestanden hatte. Die Schmerzen, die das Abreißen der Klebestreifen ausgelöst hatte. Die Schmerzen, die von den Fesseln verursacht wurden. Und die Angst vor dem, was auf sie zukam.

Nur widerstrebend blinzelnd öffnete sie die Augen. Ihr Schrei endete erst, als sie außer Atem war. Keuchend rang sie nach Luft.

Toni Randall trug ihre übliche aufreizende Kleidung. Su-dae sah den nackten Bauch der Dunkelhaarigen unmittelbar vor sich. Sie drehte den Kopf ein Stück, sodass sie Tonis Gesicht sehen konnte. Die Dunkelhaarige blickte spöttisch-amüsiert auf sie herab.

»Im Fernsehen und im Kino«, sagte sie gedehnt, »fragen die meisten, wenn sie in so einer Lage sind wie du: ›Wo bin ich?‹. Und wie sieht's mit dir aus? Möchtest du wissen, wo du bist?«

Am liebsten hätte Su-dae geschrieen, sie solle sich zum Teufel scheren. Doch sie wusste, dass es ihr dadurch nur noch schlechter gegangen wäre. Deshalb antwortete sie lediglich mit einem kleinlauten, heiseren »Ja«.

Toni grinste. »Stell dir vor, ich verrate es dir. Du bist auf einem Hausboot. Es ist so ein modernes weißes Ding. Eine Jacht in Kastenform, wenn du so willst. Mit viel Platz. Wir könnten eine Riesenparty feiern, mit vielen netten Leuten. Wir haben ein eigenes Stromaggregat und eine ordentliche Klimaanlage. Deshalb summt es hier dauernd. Aber aus der Party wird leider nichts.«

»Wo ... liegt das ... Hausboot?«, fragte Su-dae mühsam. Ihre Stimme gehorchte noch nicht richtig. Sie musste wieder krächzen.

Toni lachte. »Aha, du möchtest wissen, ob du von hier aus nach Hause laufen könntest? Okay, du könntest. Wenn wir dich lassen würden. Aber das werden wir nicht tun. Also, was du plätschern hörst, ist das Wasser vom Shellbank Basin. Nur, das ist ziemlich lang, wie du weißt, und den genauen Platz verrate ich dir nicht. Außerdem bleiben wir sowieso nicht mehr lange hier.«

»Warum?«, ächzte Su-dae. »Warum?«

»Warum was?« Toni tat begriffsstutzig.

»Warum habt ihr mich entführt? Was habe ich euch getan?«

»Nichts Persönliches. Du bist die Tochter deiner Eltern. Dein Pech. Nicht mehr und nicht weniger.«

»Aber was habt ihr gegen meine Eltern?«

»Sie stören.«

»Was?«, rief Su-dae entsetzt. Eine furchtbare Ahnung stieg in ihr auf. »Soll das heißen ...?« Sie mochte es nicht aussprechen.

»Genau das«, antwortete Toni und nickte. »Ihr Leute seid tatsächlich ganz schön schlau. Aber bei uns kommt ihr damit nicht mehr durch. In Howard Beach wird aufgeräumt. Ab sofort. Ihr seid als erste dran. Aber irgendjemand muss ja den Anfang machen, stimmt's?« Sie klatschte sich auf die Schenkel und wollte sich ausschütten vor Lachen. »Wir haben ja schon ganz schön losgelegt«, sagte sie, als sie sich beruhigt hatte. »Unser Viertel ist praktisch frei von Pennern. Ist das nichts?«

»Ihr wart das«, entgegnete Su-dae fassungslos.

»Ja, wer denn sonst?«, prahlte Toni.

»Was ist mit meinem Bruder?«, fragte Su-dae mit vor Angst bebender Stimme.

Toni stieß die Atemluft durch die Nase aus. »Leider hat er es auf dem Parkplatz wohl überlebt. Das war nicht im Sinne des Erfinders. Aber wenn alles gutgeht, streicht er im Hospital die Segel. Seemannssprache. Du siehst, ich habe mich schon an unsere neue Umgebung gewöhnt.« Sie klopfte sich stolz auf die Brust.

»Warum bin ich dann noch am Leben?«, hauchte Su-dae erschüttert.

»Weil wir dich brauchen. Für ein Lebenszeichen an deine Eltern. Anders können wir die beiden Hübschen ja nicht unter Druck setzen.«

»Aber was verlangt ihr von ihnen?«

»Sie sollen abhauen«, zischte Toni. »Den Laden dicht machen und verschwinden. Als gutes Beispiel vorangehen – für den Rest von Howard Beach. Und solange sie denken, dass du am Leben bleibst, wenn sie gehorchen – tja, so lange werden sie all unsere Forderungen erfüllen.«

Etwas wie eiskaltes Metall senkte sich in ihren Körper, so kam es Su-dae vor.

»Ihr wollt mich ... umbringen?«, flüsterte sie stockend.

»Ja, was denn sonst?«, rief Toni und schüttelte verständnislos den Kopf. »Glaubst du, wir könnten dich am Leben lassen? Du weißt alles über uns. Du lieber Himmel, du wärst doch das Risiko in Person für uns.

»Aber ich ... ich würde euch doch nicht ... verraten.«

Toni lachte schallend. »Ach, du meine Güte! Solche Versprechungen laufen doch nicht mal mehr in den bescheuertsten Fernsehkrimis.« Sie schnaufte, schien Mühe zu haben, sich von ihrer Heiterkeit zu erholen.

»Ich schwöre es!«, beteuerte Su-dae.

»Ausgeschlossen.« Toni bewegte den Kopf langsam und mit Nachdruck von einer Seite zur anderen. »Weißt du, Big Nick und ich wollen es zu was bringen. Und da müssen wir die Risiken von vornherein auf Sparflamme halten. Nick hat nämlich Weitblick. Er ist zwar noch jung, aber er ist verdammt dynamisch. Alles Eigenschaften, die Joel Boscolo fehlen. Der Typ ist ein Schwächling, verstehst du? Wir werden ihm und den anderen beweisen, was wir können.«

»Aber wozu? Mein Gott, wozu?«

»Nick wird die Familie übernehmen«, antwortete Toni überlegen. » Den ganzen Boscolo-Laden. Er hat alle Voraussetzungen dafür. Er ist italienischer Abstammung, und er hat den richtigen Familiensinn – falls du verstehst, was ich meine.«

Su-dae schloss die Augen für einen Moment. Sie öffnete sie wieder und fragte tonlos: »Wann wird es geschehen?«

»Du meinst deine letzte Reise?«

»Ja«, konnte Su-dae nur schluchzen.

»Morgen, übermorgen.« Toni hob die Schultern und ließ sie sinken. »Sobald wir wissen, dass deine Eltern parieren. Ein paar andere Dinge müssen vorher auch noch geklärt werden. Aber Nick wird das natürlich im Handumdrehen erledigen.«

»Toni«, flehte Su-dae voller Verzweiflung. »Wir sind doch sonst immer gut ausgekommen. Lass' mich frei. Ich bitte dich inständig.«

»Bist du verrückt?« Die Dunkelhaarige tippte der Gefangenen auf die Stirn. »Wenn ich das mache, bin ich selber dran. Mit Verrätern macht Big Nick kurzen Prozess. Nein, du wirst es bis zum bitteren Ende durchstehen müssen. Aber dafür kann ich dir einen sensationellen Auftritt versprechen. Wir lassen das Hausboot per Autopilot auf dem East River tuckern. Und dann gibt's von uns einen anonymen Hinweis an die Medien. Die geben es weiter an die Regierung in Washington, und den Rest erledigen Kampfjets der Air Force.«

»Was für ein Hinweis?«, flüsterte Su-dae entsetzt.

»Der wird zwar falsch sein«, antwortete Toni lachend, »aber wenn sie den hören, werden sie alle Register ziehen. Die Message ist kurz und klar: Bombenboot fährt auf das UN-Gebäude zu. Eine halbe Tonne Sprengstoff an Bord. Natürlich geben wir die anonyme Drohung rechtzeitig genug durch, damit die Jetfighter-Jungs Zeit genug haben, unser schönes Hausboot in Stücke zu schießen.«

»Gott steh' mir bei«, flüsterte Su-dae. Etwas wie eine eisige Hand krallte sich um ihr Herz.

»Das sollen schon viele Todeskandidaten gesagt haben«, entgegnete Toni Randall gnadenlos. »Keine Sorge übrigens, du wirst die Fahrt zur Hölle nicht allein antreten.«

Es war ein merkwürdiger Feierabend. Obwohl sie sonst das Geschäftliche praktisch auch komplett allein erledigte, war es anders als sonst. Ohne Ronny, so überlegte Nancy Giannelli auf ihrem Heimweg, war Paddy's Pizzeria nicht mal die Hälfte wert. So kam es ihr jedenfalls vor.

Indessen wusste sie, dass ihre Gefühle einen viel klareren Grund hatten. Doch selbst in ihrem Inneren befand sich so etwas wie eine eingebaute Barriere. Sogar in ihren Gedanken scheute sie sich, es auszusprechen.

Sie vermisste ihren Chef.

Obwohl es immer noch sommerlich warm war, kam ihr die Szenerie auf dem Cross Bay Boulevard an diesem Abend weniger sommerlich südländisch vor. Die Stimmung schien bedrückter zu sein. Natürlich hatte es sich wie ein Lauffeuer herumgesprochen, dass Ronny festgenommen worden war. Und das ganze Viertel fühlte sich anscheinend miserabel, weil Ronny nicht mehr da war.

Ob er jemals wiederkommen würde? Nancy glaubte nicht, dass er Craig Edwards ermordet hatte. Ronny war kein Killer. Okay, ein harter Bursche, das war er ganz sicher. Aber er brachte niemanden um. Er war nicht mal zur Army gegangen, damals, als seine Eltern ihren Diner verloren hatten. Obwohl es eine echte Alternative für ihn gewesen wäre. Aber Ronny hatte nicht auf Menschen schießen wollen. Dann jedoch hatte sich alles zum Guten gewendet – dank der Familie Boscolo.

Dankbar war Ronny heute noch. Nach Nancys Meinung übertrieb er seinen Boscolo-Kult ein wenig. Doch darüber konnte man nicht mit ihm reden. Überhaupt hatten sie, Nancy, und er über die wirklich wichtigen Dinge nie geredet. Und jetzt saß er im Gefängnis. Logisch, dass sie ihn besuchen würde. Vielleicht fiel es ihnen beiden in der fremden Umgebung eines Besucherzimmers leichter, einander ihre Gefühle zu offenbaren.

Das dumpfe Grollen eines Achtzylindermotors drang in Nancys Bewusstsein.

Sie drehte sich um, ohne stehen zu bleiben. Doch schon in diesem Augenblick war das markante Geräusch im Lärm des immer noch starken Autoverkehrs untergegangen. Einen bulligen schwarzen Chevrolet Avalanche vermochte sie nicht zu entdecken. Sie schrieb es ihren angespannten Nerven zu. Achtzylindermaschinen waren keine Seltenheit. Nicht jeder Wagen mit einem solchen Sound musste ein Avalanche sein.

Nancy wandte sich nach vorn. Wieder waren es nur noch drei Häuser bis zur Ecke 161st Avenue. Schaudernd dachte sie an den vergangenen Abend, als sie tatsächlich verfolgt worden war. Möglich, dass Big Nick seine Ankündigung wahr machte und Neuigkeiten von ihr erfahren wollte.

Aber was wusste sie denn schon?

Ronnys Festnahme war keine wirkliche Neuigkeit mehr. Die Schreckensnachricht von Moon Su-daes Entführung war eigentlich viel schlimmer. Ebenso die Tatsache, dass ihr Bruder fast totgeschlagen worden wäre. Nancy hasste sich dafür, dass für sie Ronnys Schicksal die schwerwiegendste aller Nachrichten war.

Unvermittelt donnerte es.

Nancy erschrak. Abrupt blieb sie stehen und fuhr herum.

Wie ein schwarzes Ungeheuer, das seine chromblitzenden Reißzähne fletschte, rollte der Avalanche aus dem Verkehrsfluss heraus auf den Bürgersteig zu. Abermals trat der Fahrer aufs Gas, und der Achtzylinder erhob seine Bassstimme zu einem erneuten Donnern.

Jähe Angst befiel Nancy. Wie gehetzt sah sie sich um. Und sie handelte, bevor sie denken konnte.

Das letzte Haus vor dem Eckhaus war direkt neben ihr. Sie warf sich herum, rannte darauf zu.

Nur wenige Fußgänger waren unterwegs, deshalb kam ihr niemand in die Quere. Im Erdgeschoss des Hauses befand sich ein Starbucks Coffee Shop, der noch geöffnet hatte. Nancy lief zwischen Tresen und Tischen entlang auf das Schild »Restrooms« zu. Die Angestellten hinter dem Tresen erwiderten ihr Winken. Man kannte sich. Der Grund ihrer Eile schien menschlich verständlich zu sein. Sie schaffte es nicht bis nach Hause. Deshalb ihr Run auf die gefliesten Räume.

Nancy kannte das Haus. Sie hatte damals gemeinsam mit Ronny an der Einweihungsfeier des Coffee Shops teilgenommen. Als sie die Tür zum hinteren Korridor öffnete und hineinschlüpfte, war draußen vor dem großen Fenster gerade der Avalanche zu sehen, wie er anhielt.

Nancy ließ die Tür zufallen und rannte. Sie sandte ein Stoßgebet zum Himmel, dass man sie nicht gesehen haben möge. Die Tür mit der Aufschrift »Staff only« war zum Glück nicht verschlossen. Durch einen Aufenthaltsraum erreichte sie den Ausgang zum Hinterhof. Nur eine Sekunde lang verharrte sie auf der Türschwelle, horchte auf Geräusche von Verfolgern. Aber da war nichts – keine Schritte, keine zufallenden Türen.

Sie trat ins Freie. Eine Außenlampe flammte auf. Nancy erschrak. Sie fühlte sich wie von Scheinwerfern angestrahlt, wie zum Abschuss freigegeben. Doch sie überwand die Schrecksekunde und ging auf den Hof hinaus. Wie selbstverständlich näherte sie sich der Reihe der parkenden Autos. Sie gehörten den Angestellten. Außerdem gab es einen Unterstand für Fahrräder und einen großen

Holzverschlag, in dem die Müllkübel und -container untergebracht waren.

Nancy schlüpfte in die Gasse zwischen einem Toyota Corolla und einem Chrysler Neon. Sie duckte sich, sodass sie nicht mehr zu sehen war. Der Toyota stand mit dem Heck zur Wand. Nancy schlich bis an die hintere Stoßstange des Wagens und spähte zur Grundstückseinfahrt.

Ein Tor aus Stahlblech versperrte den Weg zum Cross Bay Boulevard. Wahrscheinlich gab es einen motorbetriebenen Öffner, und alle Parkberechtigten besaßen eine Funkfernsteuerung dafür. Etwa in der Mitte des Torwegs, rechts, brannte eine Außenlampe über einem Seiteneingang.

Nancy wollte sich erleichtert abwenden, als sich etwas bewegte. Die Seitentür schwang nach innen, erkennbar nur an dem sich verändernden Schatten innerhalb des Türrahmens. Nancy hielt den Atem an, verharrte regungslos. Wahrscheinlich war es jemand vom Personal. Aber warum benutzte der oder die Betreffende den Ausgang an der Seite des Hauses?

Die blonde Löwenmähne war als erstes zu sehen. Jessica trug einen schwarzen Lederanzug und Kampfstiefel. Sie machte zwei Schritte ins Freie und spähte in den Hinterhof.

Nancy zog den Kopf ein. Bei dem Gedanken daran, was Jessica womöglich unter der Lederjacke verbarg, überlief eine Gänsehaut ihren Rücken. Vor ihrem geistigen Auge sah Nancy die Klinge eines Messers blitzen. Sie begann zu zittern. Sie musste die Zähne fest aufeinanderpressen, damit sie nicht klapperten.

Jessica zückte ein Handy, wählte und sprach. Zu hören war nichts. Das Rauschen des Straßenverkehrs, draußen, übertönte ihre Stimme. Sie nickte, steckte das Handy ein und setzte sich in Bewegung. Mit wiegenden Schritten näherte sie sich dem Hinterhof.

Nancy Giannelli fluchte auf sich selbst.

Warum, in aller Welt, war sie davongelaufen? Big Nick erwartete nichts weiter als ihren Tagesbericht. So war es vereinbart. Ihr Fluchtreflex war einfach idiotisch gewesen und durch nichts begründet. Wenn man sich von Schreckhaftigkeit leiten ließ, rannte man nur noch durch die Gegend, wie ein aufgescheuchtes Huhn.

Sie hätte heulen können, dass sie so unvernünftig reagiert hatte. Durch ihr Wegrennen hatte sie den Eindruck erweckt, dass sie etwas zu verbergen hatte. Logisch, dass Big Nick und seine Leute misstrauisch geworden waren. Und jetzt wollten sie wissen, was Sache war.

Nancys Gedanken jagten sich. Verzweifelt suchte sie nach einem Ausweg. Ursprünglich hatte sie zwischen den Autos warten wollen, bis sie sicher gewesen wäre, dass ihr niemand folgte. Dann hätte sie beim Hausmeister des Gebäudes an der Parallelstraße geklingelt, der 92nd Street. Milt Adams lebte in einer Souterrainwohnung zum Hof. Er hätte sie bestimmt hereingelassen, und dann hätte sie eine Weile bei ihm warten können, bis die Luft rein war.

Jessicas Schritte kamen näher und näher.

Nancy geriet in Panik. Das Gefühl, jeden Moment entdeckt zu werden, brachte sie an den Rand des Wahnsinns. So kam es ihr jedenfalls vor. Eine einzige Möglichkeit gab es vielleicht noch. Sich lang auf den Boden legen und unter das Auto rutschen. Sie war drauf und dran, es zu tun, als sie plötzlich ein Handy klingeln hörte.

Sie erstarrte. Angespannt, wie ihre Nerven waren, glaubte sie im ersten Moment, es sei ihr eigenes Handy. Wie gelähmt vor Schreck wartete sie darauf, dass die

Frau mit der Löwenmähne vor der Gasse zwischen den beiden Wagen erschien. Doch unvermittelt endete der Klingelton, und Jessicas Stimme war zu vernehmen.

»Ja?« Eine kurze Pause folgte, dann: »Okay. Verstanden.«

Nancy riskierte es, sich langsam und vorsichtig so weit aufzurichten, dass sie durch die Fenster des Toyota blicken konnte. Ungläubig staunend sah sie, wie Jessica sich abwandte, das Handy einsteckte und gleich darauf die Seitentür benutzte, durch die sie gekommen war.

Nancy verharrte geduckt und versuchte, sich zu beruhigen. Ihr Herz hämmerte; sie hörte das viel zu schnelle Pochen aus dem Inneren ihrer Gehörgänge heraus. Sie brauchte eine Weile, ehe sie wieder einen klaren Gedanken fassen konnte.

Nichts rührte sich mehr auf dem Hof.

Jessica war zurückgerufen worden. Ihre Freunde hatten offenbar etwas anderes, Wichtigeres vor. Also dann, dachte Nancy erleichtert, bleiben wir bei Plan A. Es war ja immerhin möglich, dass der Avalanche noch vorn vor dem Coffee Shop stand.

Sie wartete noch einen Moment, bis sie überzeugt war, dass Jessica wirklich und endgültig verschwunden war. Nancy richtete sich auf und sah sich noch einmal um, ehe sie ihr Versteck verließ. Trotz allem näherte sie sich der Hausmeister-Wohnung auf leisen Sohlen. Dass hinter den Fenster Licht brannte, hatte sie vorhin nur unterbewusst wahrgenommen. Mr Adams war also tatsächlich zu Hause. Ein Geschenk des Himmels.

Sie schritt die Treppen zum Souterrain hinunter. Eine Außenlampe flammte auf. Ungewollt zuckte Nancy abermals zusammen. Sie lächelte über ihre Schreckhaftigkeit und betätigte den Klingelknopf. Schon nach einem Augenblick schwang die Tür vor ihr auf.

Der untersetzte, väterlich aussehende Mann murmelte einen Gruß und lächelte. Ein wenig gequält sah es aus. Nancy führte es darauf zurück, dass sie ihn vielleicht bei einer Fernsehsendung störte.

»Entschuldigen Sie, Mr Adams«, sagte sie. »Ich will Sie nicht lange aufhalten. Würden Sie mich nach vorn hinauslassen, auf die 92. Straße?«

»Wieder ein aufdringlicher Verehrer, den Sie abschütteln möchten?« Adams sagte es mechanisch, ohne seine gewohnte Heiterkeit.

»Ja«, behauptete Nancy. Sie fand, dass er auch schon freundlicher gewesen war.

»Na, dann mal hereinspaziert«, sagte er und trat beiseite.

Nancy bedankte sich und ging voraus, durch den engen Korridor. Als sie das Wohnzimmer betrat, hörte sie Adams hinter sich die Tür schließen und verriegeln. Okay, das war absolut in Ordnung, für den Fall, dass ihr doch noch jemand folgte. Nancy wandte sich der Tür zu, durch die sie den Straßeneingang der Wohnung erreichen würde.

Den Mann im Sessel sah sie erst, als sie schon fast draußen war.

»Hi, Nancy-Baby«, sagte Big Nick und hob die Hand zum Gruß, indem er den Unterarm auf der Sessellehne anwinkelte.

Sie prallte zurück, als wäre sie gegen eine unsichtbare Wand gelaufen. Mit geweiteten Augen starrte sie den Grinsenden an, wie er dort mit lang ausgestreckten Beinen mehr lag als saß. Die Tür vor ihr wurde geöffnet. Nancy ruckte herum.

Rico, der drahtige Junge mit dem kurzgeschnittenen schwarzen Haar, grinste sie an.

»Na, dann wollen wir mal«, sagte Big Nick und stemmte sich aus dem Sessel hoch. An den Hausmeister gewandt, erklärte er: »Gut mitgearbeitet, Milt. Du hast einen Gefallen bei mir gut.«

»Danke, Nick, vielen Dank«, sagte Adams und verbeugte sich.

Nancy hätte ihn anspucken können. Aber sie hatte die düstere Gewissheit, dass sie sich über ganz andere Dinge Sorgen machen musste als über einen Mann, der seinen Mantel nach dem Wind hängte.

Ihre Ahnung wurde bestätigt, als sie den Avalanche draußen an der 92nd Street sah. Nur eine Viertelstunde dauerte die Fahrt bis zum Shellbank Basin. Es war ein brachliegendes Grundstück direkt am Ufer, auf dem der schwarze Offroader anhielt. Das Hausboot lag an einem Steg, der früher einmal einem Jachtclub gehört hatte. Der Club war nach Rockaway umgezogen, als der Gestank des Wassers im Basin unerträglich geworden war.

Erst als sie auf das Boot geführt und in einen stockfinsteren Unterdecksraum gestoßen wurde, begriff Nancy die volle Tragweite ihrer Lage. Man hatte ihr nicht die Augen verbunden, sie nicht geknebelt und nicht gefesselt. Das bedeutete, sie würde dieses Boot nicht lebend verlassen.

Laut schluchzend sank sie zu Boden.

»Bist du es, Nancy?«, sagte eine Stimme, die sie kannte.

Nancy hob verwundert den Kopf. Sehen konnte sie nichts. Die Finsternis war undurchdringlich.

»Su-dae?«, fragte sie leise.

»Ja«, antwortete die 19-Jährige.

Voller Eile tasteten die beiden Leidensgenossinnen aufeinander zu, und dann lagen sie sich in den Armen und weinten.

Kapitel 9

Rein äußerlich hatte der neue Tag alles, um ein schöner Tag zu werden. Ein strahlender Sonnenaufgang über dem Atlantik empfing Phil und mich, als wir frühmorgens in Howard Beach eintrafen. Die Wettervorhersagen in den Zeitungen und im Radio stimmten überein; es sollte ein weiterer Spätsommertag mit Temperaturen wie im Hochsommer werden.

Ich parkte den Jaguar vor Danny's Deli.

»Die Menschen, die nach uns auf dieser Welt leben«, sagte Phil beim Aussteigen und sprach über das Dach des roten Renners hinweg weiter, »werden gar keine andere Jahreszeit mehr kennen. Nur noch Sommer.«

»Ist doch praktisch«, erwiderte ich. »Dann ist man mit der Urlaubsplanung nicht mehr so eingeschränkt. Ich meine, dann kann man zu jeder Zeit überall hin.« Ich verriegelte die Jaguartüren per Funkfernbedienung, während wir auf den Bürgersteig traten.

»Opportunist«, sagte mein Freund tadelnd. »So angenehm, wie du denkst, wird die Klimaentwicklung garantiert nicht.«

»Das hätte ich mir ja denken können«, seufzte ich. »Deine Weissagungen haben immer einen Pferdefuß.«

»Das sind keine Weissagungen«, widersprach Phil. »Das sind messerscharfe Berechnungen der erfahrensten Klimaforscher. Und die sagen eindeutig, dass der weltweite Temperaturanstieg, der ja längst begonnen hat, nicht an irgendeinem Punkt stoppt.«

Wir blieben vor dem Laden der Moons stehen.

»Du meinst«, entgegnete ich, »das Thermometer steigt immer höher?«

»Die Quecksilbersäule steigt. Nicht das Thermometer.«

»Moderne Thermometer haben eine Digitalanzeige.«

»Okay. Dein Punktekonto kriegt Zuwachs. Aber es ändert nichts an den Tatsachen. Die Temperaturen steigen und steigen und sind nicht zu bremsen.« Phil sah mich warnend an. »Du weißt, dass wir Menschen zu ungefähr 70 Prozent aus Wasser bestehen?«

»Ich ahne, worauf du hinauswillst.«

Phil nickte. »Wir verdampfen. Ich meine, nicht wir. Wir werden es nicht mehr erleben. Aber unseren Nachfahren wird es irgendwann so gehen wie den Menschen in Pompeji. Der Aschestaub aus dem Vesuv war 400 Grad Celsius heiß. Da sind die Körperflüssigkeiten in Sekundenbruchteilen verdampft.«

»Bei den Zukunftsmenschen dürfte das Verdampfen langsamer gehen«, erwiderte ich nachdenklich. »Der Temperaturanstieg durch den Klimawechsel läuft ja nicht wie ein Vulkanausbruch.«

»Weiß man's?«, sagte Phil und hob sorgenvoll die Augenbrauen.

»Ich denke, bei Mr Moon bekomme ich ein kühles Mineralwasser«, entgegnete ich. »Zum vorsorglichen Löschen.«

Phil grinste. »Da bin ich doch ein Haus weiter wesentlich besser aufgehoben.« Er deutete nach nebenan, auf den Eingang von Paddy's Pizzeria. »Ein doppelter bis dreifacher Espresso ist jetzt genau das Richtige für mich.«

»Über die Auswirkungen auf den Wassergehalt des Körpers wollen wir jetzt nicht diskutieren«, tat ich besserwisserisch.

Phils Grinsen wurde breiter. Er klopfte mir auf die

Schulter und stiefelte an Ronan Draggs Außentischen vorbei auf den Eingang der Pizzeria zu.

Ab sofort waren wir Nachbarn auf Zeit.

Darauf hatten wir uns mit Mr High geeinigt.

Wir, die Lockvögel.

Ich ließ die Türglocke des Lebensmittelladens scheppern, rief »Cotton, FBI!« und marschierte durch bis zur Küche.

Moon Chung-hee und seine Frau saßen dort am Tisch. Sie blickten auf und begrüßten mich höflich, doch ihre Gesichter waren bleich, wie aus gekalktem Stein.

Zwei Männer in grauen Anzügen lehnten am Unterschrank und schlürften heißen Kaffee. US-Marshals. Sie trugen ihre Dienstmarken an den Außen-Brusttaschen ihrer Jacketts. Ich gab ihnen die Hand und setzte mich zu den Moons an den Tisch. Zwei weitere US-Marshals warteten hinter dem Haus. Ihr Dienstwagen war ein schwarzer Chrysler Town & Country. Der Minivan hatte schwarz getönte Scheiben.

Deshalb würde das Ehepaar Moon während der Fahrt nicht zu sehen sein. Auch dann nicht, wenn die Marshals mit ihnen in die Tiefgarage des Jamaica Hospitals fuhren, damit sie ihren Sohn besuchen konnten. Shin-cho machte Fortschritte. Es ging ihm besser. Doch er wusste noch nichts über die Entführung seiner Schwester. Seine Eltern wussten, dass sie es ihm nicht sagen durften. Die Ärzte würden darauf achten. Shin-cho war noch nicht in der Lage, schlechte Nachrichten zu verkraften.

Alles war vorbereitet. Moon Chung-hee und Eunkyung würden in einem Hotel in Jersey City untergebracht und rund um die Uhr vom US-Marshals Service bewacht und von Psychologen betreut werden.

Während dieser Zeit, in der wir vom FBI alles daran

setzen würden, Su-dae aus den Händen der Kidnapper zu befreien, würde ich in Danny's Deli als Housesitter wohnen. Phil hatte den gleichen Job drüben in Paddy's Pizzeria.

Chung-hee machte mit mir einen kurzen Rundgang durch den Laden und das Haus. Unterdessen stieg seine Frau schon zu den Marshals in den schwarzen Minivan. Während der Abwesenheit des Inhaber-Ehepaars würde der Laden geschlossen bleiben. Allerdings würden Phil und ich kein Geheimnis daraus machen, welche Jobs wir hier in Howard Beach übernommen hatten. Es sollte sich herumsprechen. So schnell wie möglich. Ich hielt es für die beste Möglichkeit, Su-daes Spur aufzunehmen. Mr High und Phil hatten mir in dem Punkt zugestimmt.

Chung-hee zeigte mir alles, was ich wissen musste – von der Klimaanlage bis zur Überwachung der verschiedenen Kühl- und Tiefkühltresen. Es gab eine einfache Alarmanlage und einen mustergültigen Schlüsselkasten, in dem jeder Schlüssel unter einem Marker hing, an dem sich ablesen ließ, zu welcher Tür er gehörte. Zum Abschluss des Rundgangs hängte der Ladeninhaber ein Schild mit der Aufschrift »Closed« hinter die Glasscheibe der Tür. In der Wohnung im Obergeschoss konnte ich schalten und walten wie ich wollte. Ich versprach Chung-hee zum Abschied, dass ich keine wilden Partys veranstalten würde.

Ich vermochte ihn damit nicht aufzuheitern.

»Bitte«, sagte er leise, während er mir die Hand drückte, »bringen Sie mir meine Tochter zurück. Lebendig und gesund.«

Ich verspürte einen Kloß im Hals. Alles, was ich antworten konnte, würde abgedroschen klingen, wie leere und nicht erfüllbare Versprechungen. Doch zugleich wurde mir klar, dass Chung-hee gar nichts anderes erwartete. Was er brauchte, war einfach nur die Gewissheit, dass seine Frau und er nicht allein waren. Und dass Su-dae nicht allein war.

»Deshalb bin ich hier«, antwortete ich mit belegter Stimme. »Deshalb ist mein Kollege drüben in der Pizzeria. Die Telefone dort und hier werden von unseren Technikern überwacht. Und es sind Tausende weiterer FBI-Agenten und Cops im Einsatz.« Ich zeigte auf den noch ausgeschalteten kleinen Fernseher in der Küche. »Außerdem weiß jetzt jeder Einwohner im Großraum New York, dass Ihre Tochter vermisst wird – und wie sie aussieht.«

Chung-hee umschloss meine Hand mit beiden Händen und nickte. »Ich weiß, dass Sie alles tun werden, was in Ihrer Kraft steht, Mr Cotton. Ich kann Ihnen nicht sagen, wie dankbar ich bin. Und das gilt auch für meine Frau.«

»Ich hoffe, bald eine gute Nachricht für Sie zu haben«, erwiderte ich. »Bei den Marshals sind Sie in den besten Händen. Ihnen beiden wird nichts geschehen.«

Chung-hee stieß einen bitteren Laut aus. »Ach, Mr Cotton, wissen Sie, Eun-kyung und ich wären froh, wenn wir den Platz unserer Tochter einnehmen könnten. Wenn wir dafür ihre Freiheit eintauschen könnten, würden wir alle Qualen und Schmerzen erdulden, die diese Verbrecher ihr zufügen.«

»Ich weiß«, sagte ich und schluckte vergeblich. Den Kloß im Hals kriegte ich nicht hinunter, denn er schwoll immer mehr an.

Ich begleitete Chung-hee hinaus auf den Hof und schloss das Tor, nachdem der schwarze Voyager abgefahren war. Die Marshals würden Nebenstraßen benutzen und von Begleitfahrzeugen eskortiert werden, die in unterschiedlichen Intervallen zu ihnen aufschlossen und von anderen abgelöst wurden. Auch würden die Marshals den Voyager auf dem Weg nach Jersey City mindestens einmal gegen einen anderen Wagen austauschen. Und für den schlimmsten aller vorstellbaren Fälle war der Begleitschutz der Moons schwer bewaffnet.

Als ich in die Küche zurückkehrte, klopfte jemand ans Glas der Ladentür. Ich ging nach vorn und erblickte die vertraute Silhouette eines Mannes. Diesmal trug er einen dunkelblauen Anzug. Sehr elegant. Man hätte ihn für einen Broker oder einen Banker halten können, der sich von der Wall Street nach Queens verirrt hatte.

Der Schlüssel steckte von innen. Ich öffnete die Tür ein Stück und sagte:

»Wir haben geschlossen.«

Lieutenant Foley grinste. »Ich habe einen Durchsuchungsbefehl. Also machen Sie keine Umstände, Mann.« Er zeigte mir ein amtlich aussehendes Blatt Papier, auf dem »Invoice« stand. Es war seine letzte Stromrechnung von Con Edison.

Ich ließ ihn herein. Sein Dienstwagen, ein dunkelgrüner Chevrolet Impala, parkte schräg gegenüber, mit der Motorhaube zur Straße. Hinter der Windschutzscheibe, auf der Beifahrerseite, war der helle Fleck eines Gesichts zu erkennen. Foleys Partner.

»Suchen Sie was Bestimmtes?«, fragte ich, nachdem ich abgeschlossen hatte.

»Ja«, antwortete er und steckte die Rechnung ein. »Eine Kaffeemaschine.«

»Kommen Sie«, sagte ich und erwiderte sein Grinsen. Wir begaben uns in die Küche, und weil die Kaffeemaschine sowieso lief, hatten wir im Handumdrehen zwei Becher mit dampfendem und duftendem Inhalt auf dem Tisch stehen.

»Denken Sie nicht, dass ich egoistisch bin«, sagte Foley und nippte vorsichtig an dem brühheißen Kaffee. »Wenn David – mein Partner – in den nächsten Coffee Shop geht, warte ich im Wagen. Wir halten die Augen offen, wissen Sie. Keine Sekunde, in der wir es nicht tun.« Er sah sich um. »Gemütlich hier.« Mit einer Kopfbewegung deutete er auf den Fernsehapparat. »New York One bringt Su-daes Foto jede halbe Stunde. Mit Ansage. Schon gesehen?«

Ich nickte. »Im Frühstücksprogramm, vor der Abfahrt von Manhattan. In den Zeitungen steht das Foto auf den ersten Seiten.«

»Mehr Druck kann man nicht machen«, sagte Foley und wandte sich wieder seinem Kaffee zu. »Diese Entführer müssen dämlich sein. Was wollen die eigentlich erreichen?«

»Ich bin mir nicht mehr ganz sicher«, antwortete ich. »Anfangs habe ich geglaubt, es wäre der gleiche Grund wie der, aus dem Ronan Dragg die Moons bedroht hat.«

Foley legte die Stirn in Falten. »Das würde ja bedeuten, dass Dragg auch hinter der Entführung steckt.«

»Nicht zwangsläufig.«

Der Lieutenant blickte nachdenklich in seinen Becher. »Sie wissen etwas, das ich nicht weiß«, murmelte er und hob den Kopf, um mich forschend anzusehen.

»Craig Edwards war ein V-Mann von uns.«

»Das war mir von Anfang an klar.«

»Wieso denn das?«, entgegnete ich überrascht.

Foley schmunzelte. »Wenn Ihr FBI-Jungs bei jedem Ermordeten antanzen müsstet, der mit dem organisierten Verbrechen zu tun hat – na ja, dann hättet ihr Dienst rund um die Uhr, an sieben Tagen die Woche. Richtig?«

»Richtig«, bestätigte ich und grinste, ohne ihm den

Grund dafür zu nennen – sein Lieblingswort. Stattdessen erklärte ich ihm, was er bislang noch nicht von uns erfahren hatte. Es war das, was Craig Edwards mir kurz vor seinem Tod über den Konkurrenzkampf im Boscolo-Mob berichtet hatte.

Der Lieutenant nickte bedächtig. »Das passt zu dem, was unsere Kontaktleute sagen. Wir haben hier in Howard Beach einen Wichtigtuer. Nicholas Coppelli. Verwandt und verschwägert mit sämtlichen New Yorker Mafia-Größen. Gerade mal 20 Jahre alt, aber schon schwergewichtig wie ein Alter. Und zwar in jeder Beziehung. Der hält sich für den kommenden Mann.«

»Big Nick?« Ich trank einen Schluck Kaffee. »Ein bisschen größenwahnsinnig, scheint mir.«

»Sie kennen ihn?«

Ich nickte und ließ den Becher sinken. »Der Typ ist mein Todfeind.« Ich schilderte den Vorfall in der Pizzeria und fügte hinzu: »Auch deswegen bin ich hier und spiele den Lockvogel.«

»Dann verdächtigen wir denselben Mann.«

»Nur können wir ihm nichts beweisen.«

»Ich wäre fast so weit gewesen«, sagte Foley. »Ich habe einen Zeugen, der nicht reden will. Aus Angst, weil er zugleich Opfer ist. Der Mann heißt Abel Ocasio. Ein Obdachloser. Der liegt noch im Jamaica Hospital, so schwer haben sie ihn zusammengeknüppelt. Raten Sie mal womit.«

»Mit Baseballschlägern.«

»Stimmt. Die Ärzte sagen es ihm auf den Kopf zu, aber er behauptet steif und fest, er wäre von einem Auto angefahren worden, und der Fahrer wäre einfach abgehauen.«

»Abel Ocasio«, wiederholte ich gedehnt. »War das der Fall, über den die Zeitungen berichtet haben?«

»Richtig. Wenn er endlich reden würde, könnten wir Big Nick einsacken. Das müssen Sie sich mal vorstellen, Cotton ...«

»Jerry.«

»Okay, Jerry, ich heiße Greg. Also, die lassen seinen Pappkarton mit seiner gesamten Habe in Flammen aufgehen und schlagen ihn halb tot, und trotzdem macht er den Mund nicht auf.«

»Sie versuchen weiter, ihn zu überzeugen?«

»Na klar.«

»Trotzdem sollten wir die anderen Möglichkeiten nicht außer Acht lassen«, sagte ich. »Immerhin kann es sein, dass Big Nick mit der Entführung Su-daes gar nichts zu tun hat. Joel Boscolo könnte es selbst veranlasst haben. Handlanger, die das für ihn erledigt haben könnten, hat er schließlich genug.«

»Richtig.« Foley nickte. »Aber vergessen Sie die Baseballschläger nicht. Die Dinger sind Big Nicks Lieblingshandwerkszeug, obwohl er auch mit Schießeisen umgehen kann. Nur machen die Knüppel nicht so viel Krach. Denken Sie an Craig Edwards und die Tatwaffe.«

»Ronan Dragg könnte sich einen Baseballschläger geliehen haben. Oder gekauft und dann entsorgt.«

»Ich denke, mit der Theorie sind wir durch.«

»Eigentlich schon. Aber Big Nick als neue Theorie haben wir noch nicht mal angedacht – was den Fall Edwards betrifft.«

»Wie auch immer. Wir haben auf jeden Fall Abel Ocasio und außerdem Moon Shin-cho. Eindeutiger könnte die Täterhandschrift also nicht sein.«

»Der oder die Entführer Su-daes sind nicht durch Baseballschläger aufgefallen«, wandte ich ein. »Wie gesagt, wir sollten uns nicht auf Big Nick allein konzentrieren.«

»Am liebsten würde ich mir den Kerl trotzdem schnappen«, knurrte Greg Foley.

»Und dann?«, entgegnete ich. »Was hätten wir dann gewonnen? An erster Stelle steht für uns Su-daes Sicherheit, Greg – falls sie noch am Leben ist. Machen wir uns da nichts vor.«

»Ich weiß.« Er presste die Lippen zusammen und zog die Augenbrauen zusammen. »Sie sagten vorhin, Sie wären sich wegen des Entführungsmotivs nicht mehr ganz sicher, Jerry.«

»Stimmt. Angenommen, der Hintergrund ist tatsächlich ein Machtkampf, dann könnte es doch sein, dass der Betreffende die Entführung und die Bedrohung der Familie Moon nur als Vehikel benutzt, um ganz groß rauszukommen.«

Der Lieutenant hob überrascht die Augenbrauen. »Sie meinen – mit einem Paukenschlag? Indem er sich mit dem FBI anlegt?«

»Genau das.«

»Donnerwetter«, sagte Foley. »Daran habe ich noch gar nicht gedacht. Aber Sie haben Recht, Jerry. Mit so einem Paukenschlag könnte jemand durchaus versuchen, den schwächelnden Juniorboss aus dem Sattel zu heben. Verdammt, es wäre genau der richtige Zeitpunkt für so einen Versuch. Hölle und Teufel, so muss es sein!« Er steigerte sich in eine grimmige Begeisterung über meine Theorie und schlug mit der Faust auf den Tisch, dass die Becher hüpften.

»So *könnte* es sein«, dämpfte ich ihn. »Wir wissen nämlich nicht, wie weit sich Joel Boscolos Festnahme schon herumgesprochen hat.«

»Sie meinen, unser machthungriger Freund rennt offene Türen ein und weiß es noch gar nicht?«

»Die Festnahme bleibt vorerst geheim. Es wurde keine Pressekonferenz veranstaltet und keine Verlautbarung herausgegeben. Unser Chef ...«

»Assistant Director in Charge, John D. High«, sagte Greg anerkennend. Mr High war auch bei den Beamten des Police Departments ein geschätzter und bewunderter Mann.

»... will dadurch erreichen«, fuhr ich fort, »dass Su-dae nicht noch mehr gefährdet wird.«

»Sehr vernünftig. Wissen Sie, diese Typen – Big Nick und Konsorten – sind alle nicht ganz richtig in der Birne. Die sind einfach unberechenbar. Allein deshalb schwebt das Mädchen sowieso schon in größter Gefahr.«

»Und Big Nick wird sein Ding durchziehen. Ich kann mir nicht vorstellen, dass er davon ablässt – ob er nun der Entführer ist oder nicht.«

»Richtig«, erwiderte Greg Foley. »Und falls er von Joel Boscolos Festnahme erfährt, wird er seine Chance erst recht nutzen. Ohne ihren Kopf ist so eine Mob-Familie wie ein Rudel Wölfe. Die müssen wissen, wer der Stärkste ist. Wenn der Leitwolf versagt hat, muss sein Nachfolger zeigen, was er draufhat. Natürlich rechnen alle damit, dass Joel zurückkehrt, sobald die Anwälte ihn herausgepaukt haben. Aber dann wird er nur noch eine lahme Ente sein. Wenn er Glück hat, darf er Ehren-Familienoberhaupt sein. Das Sagen aber hat dann der Shooting Star Nicholas Coppelli. Und dann darf ihn keiner mehr Big Nick nennen, nur noch Don Nicholas.«

»Solche Träume träumt man im Mafialand«, sinnierte ich.

Greg Foley nahm den Gedanken auf. »Das Schlimme ist, dass dieses Land mitten unter uns ist. Oder anders herum: Wir leben mittendrin.« Er leerte seinen Kaffeebecher, stand auf und legte seine Visitenkarte auf den Tisch. »Wählen Sie meine Handynummer, falls Sie über Funk nicht durchkommen. Meine Kollegen und ich sind in der Nähe. Unauffällig, versteht sich.«

»Vielen Dank«, antwortete ich und steckte die Karte ein.

»Ist niemand von Ihrer eigenen Firma in der Nähe?«, fragte der Lieutenant im Weggehen.

»Später kommen noch zwei Kollegen«, antwortete ich. »Ich werde euch rechtzeitig miteinander bekannt machen.«

Ich ließ Greg hinaus, schloss hinter ihm ab und überzeugte mich anschließend, dass auch im hinteren Bereich des Hauses alle Fenster und Türen verriegelt waren. Zu leicht wollte ich es der Gegenseite letzten Endes nicht machen. Auch die Fenster und eine Balkontür im Obergeschoss überprüfte ich. Der Balkon befand sich an der Rückseite des Gebäudes und bot alles andere als eine schöne Aussicht. Frische Luft – vielleicht.

Als ich in die Küche zurückkehrte, klingelte das Telefon. Der Festnetzanschluss. Ein altmodischer Wandapparat.

Ich nahm den Hörer ab und meldete mich, wie sich ein Einzelhändler gemeldet hätte.

»Danny's Deli. Was kann ich für Sie tun?«

Am anderen Ende lachte eine Frau. Ihre Stimme war leicht angeraut, zumindest beim Lachen. Ein Grund zur Freude war es jedoch nicht. Das spürte ich sofort. Ich blickte auf das Display des Telefons. Die Nummer der Anruferin wurde nicht angezeigt. Dem Klang nach rief sie von einem Handy an. Aber die Verbindung war sehr gut.

»Du möchtest was für mich tun?«, gurrte sie. »Dann

müsste ich dir ja meine geheimsten Wünsche verraten.«
Auch in der Sprechversion war ihre Stimme durchaus aufregend.

»Dies ist ein Lebensmittelladen«, erklärte ich. »Hier kann man etwas kaufen.«

»Nur langweilige Lebensmittel?«

»Langweilig sind die nicht.«

»Aber was ist mit Telefonsex? Habt ihr den nicht im Programm?«

»Ich biete nur die Live-Variante an«, erwiderte ich kühn. »Und dazu müssten wir uns treffen.«

»Ah!«, rief sie. »Ein ganz schlauer Bulle. Und du denkst, auf so was falle ich rein?«

»Man soll nichts unversucht lassen«, sagte ich.

»Okay. Das war ein alberner Versuch. Du bist dieser Cotton, richtig?«

»Woher wissen Sie …?«

Sie unterbrach mich mit einem verächtlichen Knurren. »Unsere Augen sind überall, und unsere Ohren sind überall. Wer einmal in Paddy's Pizzeria war, den haben wir auf der Liste.«

»Ich bin schwer beeindruckt.«

»Versuche nicht, mich zu verarschen!«, fauchte sie. »Das könnte jemandem schlecht bekommen.«

»Wem?«

»Mann, bist du blöd? Was glaubst du, weshalb ich anrufe?«

»Verraten Sie mir Ihren Namen.«

»Ich fasse es nicht!«, stöhnte die Anruferin. »Sag mal, hältst du mich für so bescheuert?«

»Überhaupt nicht«, entgegnete ich. »Ich dachte nur, wir könnten uns ein bisschen anfreunden.«

»Ach, du meinst, so, wie Geiseln und Geiselnehmer sich oft persönlich näher kommen?«

»So ungefähr.«

»Gar nicht schlecht, deine Vorstellung, Mann.« Sie kicherte kurz. »Im Grunde siehst du es richtig. Wir haben euren ganzen Verein in der Hand. Also seid ihr so was wie unsere Geiseln.«

»Was ist mit Su-dae?«, fragte ich rundheraus.

»Was soll mit ihr sein?«

»Geht es ihr gut?«

»Wie kann es jemandem gutgehen, der gefangengehalten wird?«

»Das ist ein offenes Wort. Kann ich mit ihr sprechen?«

»Nur ihre Eltern.«

»Ich spreche im Auftrag ihrer Eltern. Moon Chung-hee und seine Frau haben mich bevollmächtigt.«

»Mann!«, fauchte die Anruferin. »Das würde ich nicht mal glauben, wenn ich's schriftlich hätte.«

»Ist mir egal.« Ich blieb hart. »Ich muss wissen, dass Su-dae lebt. Sonst werden keine Forderungen erfüllt.«

»Moment mal.«

Schritte waren zu hören, dann das Öffnen einer Tür. Dann die Stimme der Anruferin, etwas weiter entfernt, als sie das Handy offenbar in ein Zimmer reckte. »Los, sag was! Sag deinen Namen und wie's dir geht. Los, mach schon!« Die Verbindung war etwas schlechter als vorher.

»Ich ... bin ... Moon Su-dae«, ertönte die angsterfüllte Stimme der Entführten. »Es ... geht mir ... gut.«

Es konnte nur Su-dae sein. Niemand anders. Diese Angst war nicht gespielt. In dem Punkt war ich absolut sicher.

Die Tür wurde zugeschlagen; die Schritte der Anruferin entfernten sich. Dann hörte ich sie wieder klar und deutlich.

»Jetzt die Forderungen.«

»Ich höre.«

»Beide Läden – Danny's Deli und Paddy's Pizzeria – werden an neue Eigentümer überschrieben. Bereitet alles vor. Besorgt euch einen Rechtsverdreher, der das erledigt.«

»Und die Namen der neuen Eigentümer?«

»Kriegt ihr rechtzeitig. Ich rufe wieder an.«

Ich kam zu keiner Antwort mehr. Es knackte in der Leitung. Die Verbindung war beendet. Ich legte den Hörer auf die Gabel und benutzte mein Handy, um die Techniker im Federal Building anzurufen.

Die Auskunft bekam ich im Handumdrehen.

»Der Anruf kam von einem Handy«, sagte der Kollege. »Die Nummer ist auf den Namen Nancy Giannelli registriert.«

Ich glaubte es nicht.

Aber es stimmte.

Nur war es nicht Nancy gewesen, die angerufen hatte. Ihre Stimme hätte ich erkannt. Also hatte die Anruferin ihr Handy benutzt. Ich hatte keine Ahnung, was das zu bedeuten hatte.

Noch nicht.

Candace trug ihre Arbeitsuniform, den schwarzen Rock, die weiße Bluse und die kleine weiße Schürze. Ihr langes dunkles Haar schimmerte im Licht der Morgensonne genauso seidig wie am Abend ihrer ersten Begegnung. Sie hätte sich in Lumpen kleiden können, und ihre Schönheit wäre trotzdem nicht zu verbergen gewesen. Davon war Phil überzeugt.

Er betrachtete es als einen besonderen Glücksfall, dass

Candace an diesem Tag in der Pizzeria Frühschicht hatte. Die ersten Kunden waren schon da – Lieferwagenfahrer, Kuriere, Vertreter und Angestellte aus den Geschäften der Umgebung.

Candace stellte das kleine Tablett mit den beiden doppelten Espressi auf den Außentisch, an dem der G-man sich gemeinsam mit dem Nachbarn Nicolae Antonescu niedergelassen hatte. Der Friseur trug einen weißen Kittel. Er war ein großer, schlanker Mann. In seinem schwarzen Haar zeigten sich die ersten grauen Fäden. Hätte es in der Nähe eine Praxis oder ein Hospital gegeben, hätte man ihn für einen Arzt halten können, der auf eine kurze Pause herüberschaute.

»Nancy ist noch immer nicht da«, sagte Candace. »Sie hat auch nicht angerufen. Es kommt zwar so gut wie nie vor, dass sie sich verspätet. Aber wenn es mal so war, hat sie sich immer telefonisch gemeldet, damit jemand sie vertritt.«

»Und wer macht das jetzt?«

»Laurie. Unsere dienstälteste Kollegin.«

Phil warf einen Blick in den Laden. An der Kasse saß eine brünette junge Frau, die sonst hinter dem Tresen arbeitete.

»Habt ihr versucht, Nancy anzurufen?«

»Ja. Das ist alles sehr komisch. Zu Hause läuft ihr Anrufbeantworter, und ihr Handy ist abgeschaltet.«

Candace hatte es kaum ausgesprochen, als Phils Handy klingelte. Er gab Nicolae Antonescu ein Handzeichen, sich noch einen Moment zu gedulden, dann drückte er die Empfangstaste.

»Was ist mit Nancy?«, fragte Jerry ohne Einleitung. »Ist sie im Laden?«

»Nein«, antwortete Phil. »Sie ist überfällig – bis jetzt

nicht zum Dienst erschienen. Die Pizzeria ist immerhin schon seit anderthalb Stunden geöffnet.«

»Phil, da stimmt was nicht. Ich bin eben von Nancys Handy angerufen worden.« Jerry schilderte das Gespräch in knappen Sätzen.

In Alarmstimmung berichtete Phil das Wenige, was er wusste, und fügte hinzu: »Wir müssen in ihrer Wohnung nachsehen.«

»Wir bleiben, wo wir sind«, entgegnete Jerry. »Ich rufe Lieutenant Foley an. Er wird das übernehmen. Er ist sowieso in der Nähe.«

»Okay. Melde dich, sobald du etwas Neues weißt.« Phil beendete das Gespräch und erklärte Candace und dem Nachbarn lediglich, dass sein Partner die Polizei in Nancy Giannellis Wohnung nachsehen lassen würde.

»Das bedeutet nichts Gutes«, sagte Nicolae Antonescu, nachdem Candace in die Pizzeria zurückgegangen war. »Alles, was in den letzten Tagen hier vorgeht, bedeutet nichts Gutes. So viele Gewalttaten hatten wir zuletzt zu der Zeit, als Don Joseph – er ruhe in Frieden –«, Antonescu bekreuzigte sich, »die Führung der Boscolo-Familie übernahm. Er musste sich durchsetzen, und danach war Ruhe. Unter seiner Herrschaft hatten wir wirklich die allerbesten Lebensbedingungen.«

»Das klingt, als ob Sie hier eine Art Monarchie hätten.«

»So kann man es ausdrücken.« Der Friseur nickte bekräftigend.

»Und das mitten in New York.« Phil schüttelte fassungslos den Kopf, obwohl ihm die Weltanschauung der Mafia und ihrer Mitläufer keineswegs fremd war.

»Am Rand von New York«, verbesserte Antonescu und lächelte verzeihungsheischend.

»Okay«, sagte Phil. »Hat ihr Sohn wirklich niemanden erkannt?«

Der Friseur schüttelte den Kopf. »Ich habe ihn nicht unter Druck gesetzt.« Er zwinkerte, während er einen Schluck Espresso trank. »Das konnte ich gar nicht. Meine Frau war ja dabei, als wir den Jungen gestern Abend im Hospital besucht haben. Wir haben drei Kinder, wissen Sie. Aber Michael ist Danielas erklärter Liebling. Nicht, dass ihr die beiden anderen weniger …«

Phil stoppte den Redefluss des stolzen Familienvaters. »Er kommt heute Morgen nach Hause, nehme ich an.«

»Ja«, antwortete Antonescu. »Am späten Vormittag. Was ich sagen wollte, ist: Ich brauchte ihn gar nicht unter Druck zu setzen. Das tut er selbst die ganze Zeit. Er macht sich schwerste Vorwürfe, weil er nicht besser auf Su-dae und Shin-cho aufgepasst hat. Er fühlt sich verantwortlich. Schließlich ist er der Älteste. Seit er wieder bei Bewusstsein ist, zermartert er sich das Hirn. Aber außer der schwarzen Kleidung hat er nichts von den Tätern gesehen.«

»Das ist verständlich«, entgegnete der G-man. »Es ist schon ein Schock, plötzlich gepackt und durch die Luft geschleudert zu werden.«

Antonescu nickte. »Sie können nachher mit ihm sprechen. Er ist halb wahnsinnig vor Sorge um Su-dae.« Er leerte seine Tasse und legte die Handflächen aneinander. »Ach, die beiden waren so ein schönes Paar.«

»Sie werden es wieder sein«, sagte Phil überzeugt.

Kapitel 10

Ich hatte es vorher gewusst – die Stunden des Wartens würden an den Nerven zerren. Wenn ich nicht in der Küche oder oben im Wohnzimmer saß, spazierte ich im Haus umher. Meistens im Laden. Zwischen den Regalreihen konnte ich unauffällig stehen bleiben und auf die Straße hinausblicken.

Bald kannte ich das gesamte Warenangebot in Danny's Deli. Noch ein paar Stunden, dann würde ich auch die Preise zu jedem Artikel auswendig können.

Joe Brandenburg und Les Bedell waren gegen Mittag eingetroffen. Die beiden Kollegen fuhren einen neutralen beigefarbenen Buick Skylark, den Ben Harper von der Fahrbereitschaft des FBI ihnen zur Verfügung gestellt hatte.

Seit wir über Nancy Giannellis Verschwinden Bescheid wussten, hatte sich nichts Neues mehr ergeben. Es herrschte totale Funkstille.

Wir hatten zwei Entführungsopfer und mussten trotzdem apathisch herumhängen. Zumindest galt das für mich. Phil war besser dran. Er hatte den Trubel in der Pizzeria. Und dann war noch Candace in seiner Nähe. Ich beneidete ihn, noch bevor ich den Tag halb herum hatte. Es war zum Verzweifeln. Zur Untätigkeit verurteilt zu sein, hatte mir noch nie behagt.

Die langen Stunden eines sommerlichen Nachmittags lagen vor mir, und ich wusste noch nicht, wie ich sie totschlagen sollte. Chung-hee hatte in seinem Laden einen Ständer mit Paperback-Romanen. Wahrscheinlich würde ich mich dort bedienen und mich mit einem Thriller auf den Balkon setzen. Das war besser als Fernsehen.

Wenn ich schon körperlich träge sein musste, wollte ich nicht auch noch meinen Verstand auf Sparflamme schalten.

Hunger leiden musste ich jedenfalls nicht.

In der Küche lag ein Block, auf dem ich notierte, was ich verbrauchte. Kaffee, Mineralwasser, Snacks, kleine Mahlzeiten aus dem warmen Tresen. Und natürlich Zeitungen und das Taschenbuch aus dem Ständer. Chunghee würde später mit dem FBI abrechnen.

Okay, dieses »Später« sollte es nach dem Willen der Entführer nicht geben. Aber so einfach, wie die Anruferin es sich vorstellte, würde es garantiert nicht ablaufen.

Mr High hatte bereits die Rechtsabteilung des FBI-Hauptquartiers in Washington DC eingeschaltet. Falls wir tatsächlich die Überschreibung von Danny's Deli und Paddy's Pizzeria abwickeln mussten, würden die entsprechenden Verträge von den Rechtsanwälten des FBI ausgearbeitet werden. Es würden Klauseln und Formulierungen darin enthalten sein, die den Vertrag in beiden Fällen null und nichtig machen würde – wenn es denn zum Abschluss kam. Zugleich würden diese Klauseln so unauffällig und geschickt platziert werden, dass es auch einem hochqualifizierten Anwalt im Alltagsgeschäft nicht auffallen würde.

Seit Nancy Giannellis Entführung hatte sich die unbekannte Anruferin noch nicht wieder gemeldet. Weder bei mir noch bei Phil. Überdies hatten wir nach wie vor nicht die leiseste Ahnung, wer die Kidnapper waren.

Dabei gab es eine Person, die es möglicherweise wusste.

Ein Hausmeister.

Greg Foley hatte den Mann aufgespürt, nachdem er festgestellt hatte, dass Nancy am Vorabend offenbar gar nicht zu Hause angekommen war. Dabei hatte sie die Pizzeria nach Feierabend wie gewohnt verlassen.

Die Cops hatten Nancys Heimweg rekonstruiert. In jedem Laden zwischen Paddy's Pizzeria, der 161st Avenue und der 92nd Street hatten sie nachgefragt, ob jemand die Vermisste gesehen habe. Im Starbucks Coffee Shop, nur noch wenige Schritte von Nancys Wohnung entfernt, hatten sie Erfolg gehabt – mit einer Portion Glück.

Die Geschäftsführerin des Coffee Shops hatte am Vorabend bis spät in Nacht gearbeitet und war an diesem Morgen schon wieder im Dienst. Eine Karrierefrau, rücksichtslos gegen sich selbst. In ein paar Monaten würden die Starbucks-Läden in ganz Queens auf ihr Kommando hören, da waren Greg Foley und seine Männer sicher.

Die arbeitsame Lady hatte ihre Kollegin aus Paddy's Pizzeria durch den Shop stürmen sehen. Nancy war aber aus dem Sanitärbereich nicht zurückgekehrt. Deshalb hatte die Geschäftsführerin den Cops beschrieben, wie man über den Hof und durch das Haus auf der anderen Seite des Hofs in die 92nd Street gelangte.

Der Hausmeister hieß Milt Adams. Er hatte nicht abgestritten, dass er Nancy Giannelli in seine Wohnung und nach vorn auf die Straße gelassen hatte. Doch mehr hatte er nicht gesagt.

›Es ist wie verhext‹, hatte Greg Foley am Telefon gesagt. ›Die Leute lernen von den Politikern, Jerry. Sie geben nur das zu, was man ihnen nachweisen kann. Die Aussagen kommen scheibchenweise. Die gute alte Salamitaktik. Aber bei Adams kommt noch etwas hinzu. Der Mann hat Angst.‹

Ich war überzeugt, dass Greg die Lage richtig einschätzte. Seiner Meinung nach hatten Nancys Entführer in der Hausmeisterwohnung auf sie gelauert. Das bedeutete, sie mussten Nancy verfolgt haben, und sie war vor ihnen geflohen. Dass ihre Kidnapper den Weg durch den Coffee Shop und das Haus kennen, hat sie vermutlich nicht geahnt.

Greg hatte einen Haftbefehl besorgt und den Hausmeister festgenommen. Wegen Beihilfe zur Entführung. Auf Kidnapping selbst stand lebenslänglich Gefängnis, seit die Todesstrafe im Bundesstaat New York abgeschafft worden war. Früher hatten Kidnapper auch bei uns ihr Leben verwirkt. Milt Adams musste also mindestens mit einer hohen Gefängnisstrafe rechnen. Aber nicht mal das bewegte ihn dazu, eine Aussage zu machen.

Da beide Entführungen in Howard Beach stattgefunden hatten, berichteten die Medien über Moon Su-dae und Nancy Giannelli in einem gemeinsamen Beitrag. Auch von Nancy wurde ein Bild veröffentlicht. Natürlich stellten Redakteure und Moderatoren Spekulationen über mögliche Zusammenhänge zwischen den beiden Entführungen an.

Den Anruf bei mir und die Forderung der Kidnapper behielten wir vorerst für uns. Auch wir vom FBI beherrschten die Salamitaktik. In diesem Fall war sie notwendig, um das Leben der beiden jungen Frauen zu schützen.

Ich rechnete ohnehin damit, dass die Entführer sich über kurz oder lang direkt bei den Medien melden würden. Es ging ihnen in Wirklichkeit nicht um den Lebensmittelladen und die Pizzeria.

Es ging um Phil und mich.

Um einen vernichtenden Schlag gegen das FBI.

Es ging um ebenjenen Paukenschlag, von dem die Mafiabosse der Neuzeit später einmal ihren Enkelkindern am Kamin erzählen wollten.

Mein Handy klingelte, als ich mir am Paperback-Ständer

gerade einen von Lee Childs Thrillern ausgesucht hatte. Sein Held galt als die stärkste Ein-Mann-Armee Amerikas. Ich war gespannt auf die Story. Ich klemmte mir das Buch unter den Arm, tippte auf die Empfangstaste des Handys und meldete mich. Phil war dran.

»Du hast es gut«, sagte ich und unternahm einen kurzen Ladenrundgang, ehe ich mich in der Küche niederließ. »Kannst pausenlos Pizza essen.«

»Du wirst mich nicht wiedererkennen«, antwortete mein Partner. »Seit heute Vormittag habe ich schon zehn Kilo zugelegt. Und ich habe die Speisekarte noch nicht mal halb durch.«

»Bis heute Abend schaffst du es«, tröstete ich ihn. »Dich werden sie als ersten schnappen. Weil du nicht mehr aus dem Sessel hochkommst.«

»Darauf wird es hinauslaufen, fürchte ich. Ich kann mir so richtig vorstellen, wie es ist, eine treusorgende Ehefrau zu haben. Candace liest mir jeden Wunsch von den Lippen ab.«

»Jeden Wunsch nach Nahrung?«

»Was denkst du! Zu was anderem haben wir hier keine Zeit.«

»Rufst du deshalb an? Um mich neidisch zu machen?«

»Das bist du doch sowieso schon. Gib's zu.«

»Ich denke nicht daran. Was man mir nicht nachweisen kann, gebe ich nicht zu.«

Phil zischte einen Pfiff. »Ich hab's schon immer gewusst. Du hast das Zeug zum Volksvertreter.«

»Komm zur Sache.«

Phil lachte. »Hast du's eilig, dich wieder der Langeweile hinzugeben?« Er wurde ernst. »Damit wären wir beim Punkt. Ich frage mich, ob es richtig ist, was wir hier machen. Herumhängen und warten.«

»Es *ist* richtig«, antwortete ich überzeugt. »Immerhin wissen wir, worauf wir warten. Entweder stellen sie weitere Forderungen, und wir können sie dadurch packen. Oder sie beißen auf den Köder an.«

»Das sind wir«, entgegnete Phil. »Und vielleicht ist ihnen gerade das zu offensichtlich. Sie müssen doch damit rechnen, in die Falle zu gehen.«

»Eben nicht«, widersprach ich. »Sie haben zwei Geiseln, und solange es so ist, werden wir niemanden in eine Falle gehen lassen. Das wissen diese Burschen ganz genau.«

»Hoffentlich behältst du Recht«, seufzte mein Partner.

»Hast du einen besseren Vorschlag?«

»Lieutenant Foley kennt sich aus in Howard Beach. Seine Beamten könnten ein paar von den Typen auftreiben, von denen man weiß, dass sie mit diesem Big Nick herumhängen. Wir schnappen uns die Jungs und verhören sie so lange, bis wir wissen, wo Su-dae und Nancy festgehalten werden.«

»Und du bist sicher, dass all die Jungs, die in Howard Beach herumlaufen, das wissen?«

»Nicht alle. Wir müssen eben die richtigen herausfiltern.«

»Phil«, sagte ich eindringlich.

»Ja?«

»Mach mal Denkpause. Spiel eine Runde Scrabble mit Candace. Oder so was.«

»Dann lieber ›oder so was‹.«

Vor meinem geistigen Auge sah ich meinen Partner grinsen.

»Und wenn dir neue Vorschläge einfallen«, ermunterte ich ihn, »ruf' wieder an.«

»Klar, mach' ich. Ich freue mich immer, wenn ich dich für eine Sache begeistern kann.«

Ich steckte das Handy ein und machte meinen 37. Rundgang durch den Laden. Verständlich, dass einen die stundenlange Warterei ins Grübeln brachte. Dass Zweifel aufkamen, ob man die richtige Richtung eingeschlagen hatte. Mir erging es nicht anders. Doch das Problem war, dass wir nicht herauskriegen würden, wo Su-dae und Nancy gefangengehalten wurden. Und auf einen Zufall konnten wir beim besten Willen nicht warten.

Der Parkplatz der Bowling-Bahn grenzte unmittelbar an den Cross Bay Boulevard. Joe Brandenburg und Les Bedell hatten eine freie Bucht zur Fahrbahn hin gefunden. Danny's Deli und Paddy's Pizzeria befanden sich schräg gegenüber, in Luftlinie ungefähr 50 Yard entfernt.

Die Straßenlampen hatten sich eingeschaltet, die Abenddämmerung war bereits hereingebrochen. Auf dem Parkplatz herrschte Ruhe. Die Bowlinggäste befanden sich allesamt im Gebäude und frönten ihrer Freizeitbeschäftigung. Der Boulevard mit seinem mäßigen Verkehrsaufkommen erinnerte die G-men an die Main Street einer Provinzstadt.

Drüben, vor dem Eingang von Paddy's Pizzeria, waren alle Tische besetzt. Seit der Inhaber verhaftet und seine leitende Angestellte entführt worden waren, schien das Geschäft erst richtig zu brummen.

»Wenn wir die nächste Runde drehen«, sagte Joe und unterdrückte ein Gähnen, »halten wir drüben an und holen uns eine Pizza.«

»Und eine Kanne Espresso«, entgegnete Les. »Wach bleiben ist das einzig Schwierige an dem Job.« Der schlanke, dunkelhaarige Mann trommelte mit den Fingern auf dem Lenkrad, blickte auf die Straße hinaus, dann in den Innenspiegel und die Rückspiegel. Als nichts seine Aufmerksamkeit erweckte, ließ er sich wieder in den Winkel von Sitzlehne und Fahrertür sinken.

»Klar.« Joe, breitschultrig und dunkelblond, saß kerzengerade auf dem Beifahrersitz. »Notfalls machen wir abwechselnd ein Nickerchen.«

»Ich garantiere dir, wenn wir beide einschlafen, passiert Jerry und Phil etwas«, sagte Les. »Genau in dem Moment.«

Joe nickte und seufzte. »Das sind die Sachen, die das Schicksal auf Lager hat.« Er rückte das Gürtelholster mit der schweren Dienstwaffe zurecht. Er war der einzige New Yorker G-man, der an seinem Revolver festhielt, einem Smith & Wesson im Kaliber .357 Magnum. Alle Kollegen führten die offiziell als Dienstpistole eingeführte 16-schüssige SIGARMS P226. Doch Joe, der früher Captain des New York Police Department gewesen war, hatte sich von seinem sechsschüssigen Smith einfach nicht trennen können. Dafür hatte er eine Ausnahmegenehmigung beantragen müssen. Und er hatte sie erhalten. Vom FBI-Direktor in Washington persönlich.

»Der Platz hier ist zwar hervorragend«, sagte Les, »aber wir sollten uns bald wieder einen neuen suchen.«

Joe nickte und sagte: »Dann ist die Pizza fällig. Mir knurrt schon der Magen.«

Zu hören waren seine Worte nicht. Sie gingen in einem ohrenbetäubenden Krachen unter. Die gesamte Karosserie des Wagens erbebte.

Die G-men reagierten blitzschnell.

Nahezu gleichzeitig stießen sie ihre Türen auf.

Auf Joes Seite knallte das Blech einem Kerl vor die Knie. Er schrie auf. Der Baseballschläger, den er im Zurückwanken mehr herunterfallen als herabsausen ließ, knallte auf die Türkante. Die Glasscheibe zerplatzte und löste sich in Tausende Krümel auf.

Joe packte zu, noch im Winkel zwischen Tür und Wagen. Er packte zu, bekam das dicke Ende des Schlägers zu fassen und zog. Der Eigentümer, ein grobschlächtiger Typ mit Stoppelhaar, war nicht darauf vorbereitet. Wegen der Schmerzen in den Knien knickte er ein, und ungewollt ließ er den Schläger los.

Auf der Fahrerseite des Buick war Les Bedell unter einem sensenden Hieb weggetaucht. Reaktionsschnell kreiselte er herum und prallte mit dem Rücken gegen den Wagen in der Nebenbucht.

Der Angreifer, der ihn verfehlt hatte, war zurückgewichen. Doch im nächsten Atemzug waren zwei weitere zur Stelle. Alle drei waren ganz in Schwarz gekleidet, und alle waren mit Baseballschlägern bewaffnet. Die mörderische Spezialität in Howard Beach.

Einer der Kerle kam von der Vorderseite des Wagens. Mit dem Fuß trat er die Tür zu, um freie Bahn zu haben. Die beiden anderen hatten eben ausreichend Platz in der Gasse zwischen den Autos. Sie hoben die Schläger.

Les duckte sich, spannte die Muskeln und wusste doch, dass er gegen die Übermacht keine Chance hatte. Ihm blieb keine Wahl. Er zog die Dienstpistole. Doch kaum hatte er die Waffe frei, sauste ein Baseballschläger herab und traf seinen Handrücken. Dennoch hatte er Glück, weil die größte Wucht des Hiebs vom Waffenstahl abgefangen wurde. Doch er konnte nicht verhindern, dass die Waffe ihm aus den Fingern rutschte.

»Jetzt ist er fällig!«, schrie einer. »Los, macht ihn fertig!«

Les wusste, dass es keinen Ausweg gab. Er konnte sich fallen lassen und versuchen, wegzukriechen. Aber das würde ihm nur einen Aufschub geben, mehr nicht. Voller

Entsetzen sah er, wie auf der anderen Seite des Wagens ein weiterer Schwarzgekleideter auftauchte. Der Kerl ging auf seinen Partner los, er musste hinter dem Heck gelauert haben. Joe hatte den einen Gegner gerade überwältigt und wollte sich aufrichten. Dabei wandte er dem neuen Angreifer noch halb den Rücken zu.

»Joe!«, schrie Les warnend. Dann ließ er sich fallen.

Über ihm zischten die Knüppelhiebe ins Leere. Er landete auf dem Betonboden, und seine linke Hüfte prallte auf etwas Hartes. Seine Waffe! Rasch rollte er sich zur Seite, unter die Tür. Er bekam die Pistole zu fassen und zog sie an sich. Doch schon begannen die Kerle, ihn mit Fußtritten zu traktieren, um ihn von der Tür freizubekommen. Schon krachte der erste Baseballschläger auf den Beton. Haarscharf neben seinem Kopf.

Les wusste, wenn sie ihn erwischten, war es das Ende. Diese Kerle kannten kein Pardon. Sie fühlten sich als die Herrscher des Viertels.

Plötzlich donnerte es.

Ein Schrei gellte.

Flüche erschollen. Hastige Schritte wurden laut, entfernten sich rasch. Der Schrei ging in ein Wimmern über. Neben Les polterte ein Baseballschläger herab, dann sank auch der dazugehörige Mann zu Boden. Les sah sein schmerzverzerrtes Gesicht unmittelbar vor sich.

»Ich sterbe«, schluchzte der Kerl. »Ihr Schweine habt mich umgebracht.« Er blutete aus einer Wunde in der rechten Schulter.

»Da siehst du mal, wie das ist«, erscholl eine raue Stimme. »Alles okay, Les?«

»Ja«, antwortete der G-man erleichtert. »Mann, Joe, das war knapp.«

Joe Brandenburg winkte ab, holsterte seinen Revolver

und zog den Angeschossenen von seinem Kollegen weg. Der Blutende wimmerte erneut, stieß spitze Schreie aus.

»Himmel noch mal«, knurrte Joe. »Davon stirbst du nicht. Und im Gegensatz zu euch Bastarden rufen wir dir einen Rettungswagen. Den hätten wir von euch nicht gekriegt, oder? Ihr hättet uns hier liegen lassen, und wir wären elend verreckt.«

Der Mann mit der Schusswunde schwieg.

Les rappelte sich auf. Dank seiner Warnung hatte Joe den zweiten Angreifer mit dem Baseballschläger des ersten bezwingen können. Und dann, als er gesehen hatte, in welche Lage Les geraten war, hatte er nur noch zum Revolver greifen können.

»Danke, Partner«, sagte Les. »Du hast mir das Leben gerettet.«

»Geht postwendend zurück, der Dank.« Joe grinste verlegen, während er sein Handy hervorzog, um den Notruf zu wählen. »Ohne deine Warnung hätte der zweite Kerl mir den Schädel zertrümmert. Und dann hätte ich dir auch nicht mehr helfen können.«

Ich hatte mein Handy auf Vibrationsalarm gestellt, damit ich etwaige Geräusche im Haus besser hören konnte. Aber noch hatte sich nichts gerührt. Das Rauschen des Straßenverkehrs war mir mittlerweile vertraut genug. Ich würde das eine vom anderen unterscheiden können, wenn jemand in den Laden oder in die Wohnung einzudringen versuchte.

Ich legte das Buch auf den Küchentisch und erhob mich vom Stuhl, um zu einem neuen Kontrollgang zu starten, als es in meiner Hosentasche vibrierte.

Das Handy am Ohr, ging ich in den Laden. Die Notbeleuchtung war eingeschaltet, ein Minimum an Licht, das während der Nachtstunden Einbrecher zum Umkehren bewegen sollte.

»Drei von fünf Angreifern haben wir geschnappt«, berichtete Joe. »Wenn wir Glück haben, erfahren wir von denen ein paar Neuigkeiten.«

»Das wäre mehr als wir erwarten konnten«, erwiderte ich.

Ich erreichte die Ladentür und spähte hinaus. Schräg gegenüber, zur Linken, kreisten Rotlichter. Streifenwagen und Rettungswagen waren dort zu einem Pulk aufgefahren. Die Hälfte des Cross Bay Boulevards war gesperrt worden. Der spärliche Autoverkehr des frühen Abends wurde auf zwei Fahrspuren am Ort des Geschehens vorbei geschleust.

»Wenn du mich fragst«, sagte Joe, »war es ein Ablenkungsmanöver. Für Phil und dich dürfte verschärfte Wachsamkeit angesagt sein.«

»Ich rufe ihn sofort an«, versprach ich.

»Das kann ich übernehmen«, entgegnete Joe. »Les und ich können auch zu euch rüberkommen – als Verstärkung.«

»Ihr lasst euch ablösen«, widersprach ich. »Nach dem, was ihr gerade durchgemacht habt, ist der Tag für euch gelaufen. Also – ich informiere Phil, und du rufst den Chef an, wegen der Ablösung.«

»Kommt nicht in Frage, Jerry. Les und ich sind keine Weicheier frisch von der Akadamie. Wir denken überhaupt nicht daran ...«

»Okay, okay«, unterbrach ich ihn. »Dann macht weiter wie bisher.« Ich kannte Joe lange genug. Er war ein Kollege, auf den man sich hundertprozentig verlassen konnte. Manchmal konnte er auch ein eisenharter Dickschädel sein. In solchen Fällen brauchte man gar nicht erst zu versuchen, ihn zu überreden.

Ich verständigte Phil. Er hatte bereits mitbekommen, was passiert war. Die Pizzeria war eine der Nachrichtenzentralen von Howard Beach, eine Art Sammelstelle für Neuigkeiten und Gerüchte. Lediglich über die Zahl der Angreifer und der Festgenommenen wusste Phil noch nicht Bescheid.

Nach den beiden Telefongesprächen war wieder Ruhe in Danny's Deli. Ich setzte meinen Kontrollgang fort. Aus den Wohnungsfenstern im Obergeschoss sah ich, wie der Pulk der Einsatzfahrzeuge sich langsam auflöste. Ein Abschleppfahrzeug zog den Dienstwagen der Kollegen vom Parkplatz. Offenbar hatte Lieutenant Foley ihnen einen neutralen Ersatzwagen aus dem Fuhrpark seines Reviers zur Verfügung gestellt. Jedenfalls stiegen Joe und Les in einen intakten schwarzen Chevy. Sie fuhren damit den Boulevard hinunter, um weiter unten in einer Seitenstraße zu verschwinden. Auf Umwegen würden sie in unsere Nähe zurückkehren.

Ich kehrte in die Küche im Erdgeschoss zurück. Es war nicht nur der gemütlichste Raum, den sich die Moons hier unten eingerichtet hatten. Es war auch der zentrale Ort, von dem man sowohl den Laden als auch die hinteren Räume am besten unter Kontrolle hatte.

Die Alarmanlage hatte ich bewusst nicht eingeschaltet. Natürlich hätten wir die Pizzeria, den Lebensmittelladen und den gesamten Block von Cops abriegeln lassen können. Doch Phil und ich waren uns einig darin, dass wir dadurch nichts erreicht hätten. Im Gegenteil, wir hätten die Entführer davon abgehalten, sich uns zu nähern. Und wir hätten Su-daes und Nancys Leben noch mehr gefährdet.

Als hätte ich mit meinen Gedanken eine Art Stichwort übertragen, klingelte plötzlich das Telefon. Der Wandapparat.

»Ronan Dragg«, meldete sich der Anrufer, und allein, wie er seinen Namen aussprach, war es der pure Vorwurf. »Ich habe Erlaubnis erhalten, zu telefonieren. Ihr Kollege sagte mir, wo Sie zu erreichen sind.«

»Es ist ein ungünstiger Zeitpunkt«, antwortete ich. »Es kann sein, dass hier jeden Moment die Hölle …«

»Ach!«, schnitt er mir das Wort ab. »Jetzt wollen Sie kneifen, was, Cotton? Zugeben, einen Fehler gemacht zu haben, ist nicht ihre Sache, stimmt's?«

»Einen Fehler?«, wiederholte ich verdutzt. »Wovon reden Sie, Dragg?«

»Davon, dass Sie schuld an Nancys Entführung sind.«

»Wie bitte? Hören Sie, Dragg, es tut mir wirklich leid, was geschehen ist. Aber die Entführung mir in die Schuhe zu schieben, ist ja nun extrem weit hergeholt.«

»Ist es nicht«, fuhr er mich an. »Sie haben mich eingelocht, um mich aus dem Verkehr zu ziehen und wer weiß was zu erreichen. Hätten Sie das nicht getan, wäre Nancy nichts passiert.« Die letzten Worte schrie er fast.

Ich war an der Reihe mit einem entrüsteten »Ach!«, und ich setzte es fort, ohne auf sein Seelenleben Rücksicht zu nehmen. »Haben Sie Nancy jeden Abend nach Feierabend nach Hause gebracht? Wollen Sie mir das erzählen, Mr Dragg?«

»Nein«, antwortete er, kleinlaut geworden. »Aber ich hätte es tun sollen, dann wären viele Dinge nicht geschehen.«

»Endlich sagen Sie mal was Wahres«, erwiderte ich. »Nancy wäre die Frau gewesen, die Sie von hirnrissigem

Tun abgehalten hätte – wenn Sie sie an sich herangelassen hätten.«

»Verdammt, was geht Sie das an?«

»Eine Menge. Mein Kollege und ich setzen alles daran, Nancy und Su-dae zu retten. So weit wäre es vielleicht gar nicht gekommen, wenn Sie von Anfang an ausgepackt hätten.«

»Schieben Sie mir jetzt bloß nicht den Schwarzen Peter zu. Was sollte ich denn schon auspacken?«

Ich packte die Gelegenheit beim Schopf. »Waren Sie in Craig Edwards' Wohnung – an dem Abend, als er ermordet wurde?«

Eine Pause entstand. Ich glaubte, Dragg am anderen Ende der Leitung schlucken zu hören.

»Ja«, sagte er dann. Seine Stimme hatte sich verändert, klang rau und brüchig.

»Und? Haben Sie ihn umgebracht?«

»Nein.«

»Wer dann?«

»Sie wissen doch, wer mit Baseballschlägern killt. Da muss einer nach mir in der Wohnung gewesen sein. Edwards kann das kaum noch richtig mitgekriegt haben, weil ich ihm – na ja, ich habe ihm ordentlich den Marsch geblasen. Er war ziemlich fertig.«

»Und dann hat er gedacht, Sie wären noch mal zurückgekommen«, folgerte ich. »Deshalb sein Hinweis mit dem Pizzakarton.«

»So muss es gewesen sein«, bestätigte Dragg, immer noch kleinlaut.

»Sie wollten Edwards also nur einschüchtern?«

»Das war mein Auftrag.«

»Warum?«

»Craig hatte angefangen, in die eigene Tasche zu wirtschaften. Joel Boscolo konnte sich solche Sachen nicht mehr bieten lassen. Irgendwo musste er mal anfangen aufzuräumen.«

»Und der wirkliche Killer meinte dann, es würde nicht reichen, jemanden einzuschüchtern.«

»So wird es gewesen sein.«

»Und das Gleiche gilt auch für die Familie Moon.«

»Verdammt, ja«, stöhnte Dragg. »Ich habe diesen elenden Auftrag von Joel gekriegt, diese Aufnahmeprüfung zum Vollmitglied, und ich wollte es ihnen schonend beibringen, weil wir immer gute Nachbarn gewesen sind.« Die Worte sprudelten nun regelrecht aus ihm hervor.

Ich erfuhr alles von ihm – alles über seine krankhafte Liebe zur Mafia und zur Familie Boscolo im Besonderen. Ich erhielt die Bestätigung für das, was Craig Edwards mir bereits beschrieben hatte. Der Konkurrenzkampf im Mob von Howard Beach war in vollem Umfang ausgebrochen, und ein Ende war noch nicht abzusehen.

»Wer ist der Entführer?«, fragte ich schließlich, als Ronan Dragg sich alles von der Seele geredet hatte.

»Big Nick«, kam die prompte Antwort. »Ein anderer kann es nicht sein. Vielleicht noch Toni Randall, seine Freundin. Die beiden denken sich sowieso alle Schweinereien gemeinsam aus. Alle anderen sind nur Mitläufer. Aber sie haben eine Menge davon. Big Nick ist schon jetzt ihr Boss. Es ist nur noch eine Frage der Zeit, wann er Joel Boscolos Platz einnehmen wird.«

»Da haben wir auch noch ein Wörtchen mitzureden«, sagte ich grimmig.

Dragg war einverstanden, alles, was er mir gesagt hatte, zu Protokoll zu geben. Ich rief Mr High an, berichtete über das Telefongespräch mit unserem nun wichtigsten Zeugen und bat ihn, Kollegen nach Rikers

Island zu schicken, damit sie Ronan Draggs Aussage aufzeichneten.

Ich hatte kaum aufgelegt und wollte Phil anrufen, als ich das Klopfen hörte.

Ich erstarrte.

Das Klopfen hielt an. Es war nicht besonders stark, aber deutlich genug. Es kam von der Hintertür.

Rasch durchquerte ich die rückwärtigen Räume. Die Tür zum Hof hatte einen Spion. Ich blickte durch die Weitwinkeloptik und kniff das Auge zusammen, weil ich nicht glaubte, was ich sah. Aber auch der zweite Blick ergab kein anderes Bild.

Draußen, im Schein der Außenlampe, stand eine Frau, deren Foto zur Zeit in allen Fernsehsendern und in allen Zeitungen veröffentlicht wurde.

Moon Su-dae.

Sie war blass, und sie zitterte.

Ich riss die Tür auf.

Su-dae hielt mir ein Handy entgegen – ein Foto-Handy.

»Mr Cotton?«, vergewisserte sie sich.

»Ja«, antwortete ich heiser und starrte auf den Mini-Bildschirm.

Das Digitalfoto zeigte Nancy Giannellis Kopf und Oberkörper. Sie blickte in die Aufnahmeoptik, und ihre Augen waren geweitet. Der Grund dafür war ebenfalls zu erkennen. Überdeutlich sogar.

Eine Hand hielt eine riesige Pistole ins Bild. Eine Colt Government. Die Waffe im Kaliber .45 war früher Dienstpistole der US Army gewesen. Auf dem Handy-Display ruhte die Mündung der Pistole auf Nancy Giannellis Schläfe. Ihre bleiche Haut dort schlug eine Falte unter dem kantigen Stahl.

Für mich war es das grausige Symbol für Nancys Verletzlichkeit.

Und Su-dae, die auf der Stufe ihres Elternhauses stand, war keineswegs frei. Sie schwebte in der gleichen tödlichen Gefahr wie Nancy.

»Sie sollen mitkommen«, sagte Su-dae. »Sie und ihr Kollege Phil Decker. Wenn Sie es nicht tun, wird Nancy ...« Ihre Stimme versagte. Sie biss sich auf die Unterlippe.

»Ich weiß«, antwortete ich leise. »Phil und ich werden alles tun, was man von uns verlangt. Versuchen Sie, ruhig zu bleiben, Su-dae. Ihren Eltern geht es gut, und Ihr Bruder ist über den Berg.«

»Danke«, brachte sie mühsam hervor. »Danke!«

Ich rief Phil an, steckte das Handy ein und ging mit Su-dae auf den Hof hinaus. Ganz hinten, im finstersten Winkel, stand ein schwarzer Dodge Van. Den schweren Kleinbus hatte ich erst auf vier, fünf Yard Entfernung wahrgenommen.

Und erst aus unmittelbarer Nähe sah ich Big Nick in der Öffnung der Schiebetür. Die mittlere Sitzbank war ausgebaut. Big Nick beugte sich von hinten vor und grinste mich an.

»Sowie dein Bullenpartner da ist, können wir losfahren, G-man. Und damit das klar ist: Keine Verfolger, keine Beobachter – vor allem keine Scheiß-Hubschrauber. Mach das deinem Oberbullen klar. Und sag' ihm, dass ihr zu viert seid: die Kleine neben dir, dein Partner, du selbst und Nancy, nicht zu vergessen. Wir haben also jede Menge Geiselmaterial. Getötet wird nur ganz langsam – einer nach dem anderen. Falls uns was in die Quere kommt. Es liegt also ganz bei euch. Alles begriffen?«

»Ja«, antwortete ich.
»Noch Fragen?«
»Nein.«
»Dann steigt ein, bringt Glück herein.«

Vier Pistolenmündungen glotzten Su-dae und mich an, als wir der Aufforderung Folge leisteten. Wir mussten uns auf den Boden setzen. Die dunkelhaarige Frau, die neben Big Nick saß, musste Toni Randall sein. Phil traf wenig später ein und erhielt die gleichen Instruktionen wie ich.

Als ich Mr High anrief, reagierte er so, wie wir es von ihm kannten. Knapp und präzise stellte er seine wenigen Gegenfragen und versicherte mir, dass er nichts tun werde, was uns in zusätzliche Gefahr bringen würde.

Die Dunkelhaarige und eine löwenmähnige Blonde vom Beifahrersitz verschnürten unsere Hand- und Fußgelenke mit Kabelbindern.

Big Nick, in Herrscherpose auf der hinteren Sitzbank, gab das Kommando zur Abfahrt. Er schob seine Pistole in ein Gürtelholster und sah dabei aus wie ein Mann, der sein Ziel erreicht hatte.

Er hatte Phil und mich.

Er würde sein Meisterstück abliefern.

Zwei FBI-Agenten erledigen.

Es war ein fensterloser Raum, in dem sie uns gefangen hielten. Zweifellos ein Unterdeckraum des Hausboots, das Su-dae uns beschrieben hatte. Vielleicht befanden wir uns sogar unterhalb der Wasserlinie. Rauschen und Gurgeln waren zu hören. Das Boot machte offenbar beträchtliche Fahrt. Eine starke Maschine ließ Boden und Wände vibrieren.

Ich schätzte, dass wir schon die ganze Nacht unterwegs waren. Vor etwa zwei Stunden hatte Toni Randall die Tür beim Weggehen einen Spalt offenstehen lassen. Indirektes Tageslicht fiel herein. Ich vermutete, dass der Raum vor unserem Verlies Fenster hatte.

Die Dunkelhaarige sah etwa stündlich nach dem Rechten. Jedesmal hatte sie eine Taschenlampe und eine Pistole dabei. Bei den letzten beiden Kontrollbesuchen hatte sie angespannter gewirkt. Zuvor war sie locker gewesen – und überheblich zugleich. Sie hatte sich lustig gemacht über uns.

›Wie fühlt man sich denn so auf einem Himmelfahrtskommando?‹, hatte sie gefragt. ›Das Schöne daran ist ja, dass die Jungs bei der Army meist eine Chance zur Rückkehr haben, wenn sie auf so ein Kommando geschickt werden. Ihr dagegen habt die volle Himmelfahrtsgarantie.‹ Sie war in schallendes Gelächter ausgebrochen, weil sie es offenbar so überaus lustig gefunden hatte.

Nun aber war ihre Heiterkeit verschwunden.

Es wurde also ernst.

Im Dodge Van hatten sie Su-dae, Phil und mir die Augen verbunden, ehe wir an einer offenbar abseits gelegenen Stelle auf das Boot gebracht wurden. Wir waren zu Nancy in den fensterlosen Raum gebracht worden, und sie hatten uns allen die Augenbinden wieder abgenommen. Nancy trug die gleichen Kabelbinder wie wir. An den Fesseln hatten unsere Bezwinger nichts geändert.

Die beiden Frauen fassten ein wenig Zuversicht, seit sie nicht mehr allein waren. Nancy hatte es uns unumwunden gesagt. Es war etwas wie ein archaisches Empfinden für Su-dae und sie. Männer waren starke Beschützer, wenn Frauen Angst hatten. Genau so empfanden sie es. Und dabei spielte es keine Rolle, ob es Phil und mir gelingen würde, das Schlimmste zu verhindern. Solange wir vier am Leben waren, würden mein Partner und ich diese Vertrauen spendende Wirkung auf Su-dae und Nancy ausüben.

Da wir die meiste Zeit uns selbst überlassen gewesen waren, hatten wir unseren Unterdecksraum systematisch untersucht. Kein leichtes Unterfangen, mit den Händen nahezu unbeweglich auf dem Rücken.

Su-dae hatte uns während der Tasterei berichtet, was Big Nick und seine Bande mit uns vorhatten. Es passte zu seinem Größenwahn. Er war entschlossen, den Big Bang zu liefern, mit dem er sich an die Spitze des Boscolo-Mobs katapultierte. Natürlich würden ihm weder FBI noch NYPD etwas beweisen können. Das dachte er zumindest. Für ihn zählte nur, dass er für den Rest seines Lebens von seiner Großtat zehren konnte. Dass er Respekt und Bewunderung genoss, während Juniorboss Joel sein Dasein auf dem Abstellgleis des Ehrenoberhaupts fristete.

Unsere nächtliche Fahrt musste durch die Jamaica Bay und den Rockaway Inlet geführt haben. Dann hart an der Küstenlinie von Brighton Beach und Coney Island entlang. Weiter durch die New York Lower Bay, unter der Verrazzano Narrows Bridge hindurch und schließlich in der Upper Bay Richtung East River.

Wahrscheinlich befanden wir uns bereits auf dem breiten Wasserlauf zwischen Manhattan und Brooklyn. Und vermutlich hatte Big Nick jetzt seine Mitteilung an die Medien geschickt.

Bombenboot nähert sich dem UN-Gebäude.

Das würde Toni Randalls Nervosität erklären. Schließlich rauschten wir nun unter den Augen von halb New York dahin. Und mittlerweile verbreitet sich dort in dem Wolkenkratzermassiv Manhattans die Schreckensmeldung von der tödlichen Fracht auf dem East River. Während die UN-Gebäude und die umliegenden Hochhäuser evakuiert wurden, liefen zwischen New York und Washington DC die Drähte heiß. Und die Kampfjetpiloten, die sich in ständiger Einsatzbereitschaft befanden, erhielten den Startbefehl.

Zu diesem Zeitpunkt hatte die Wirklichkeit schon keine Bedeutung mehr. Die Wirklichkeit nämlich, dass sich auf dem Hausboot kein einziges Gramm Sprengstoff befand.

Sondern nur vier todgeweihte Menschen.

Für die Sicherheit der Vereinten Nationen und der Vereinigten Staaten zählte nur, dass das Risiko ausgeschaltet wurde. Eine Möglichkeit, die Gefahr ohne Einsatz von Gewalt abzuwenden, gab es nicht mehr. Die Zeit war einfach zu knapp.

Toni Randall würde rechtzeitig von Bord gehen. Sie hatte es uns bei ihrem letzten Besuch verraten. Big Nick und die anderen würden sie aufnehmen. Sie folgten uns in einem schnittigen weißen Kajütkreuzer, der an einem sonnigen Morgen auf den Wasserläufen New Yorks alles andere als ein seltener Anblick war.

Der East River war kein wirklicher Fluss, sondern die Verbindung zwischen Long Island Sound und Upper Bay. Für uns änderte es nichts. Der East River sollte unser Schicksalsort werden – ob als Fluss oder als Wasserlauf, war uns ziemlich einerlei.

Irgendwann in der Mitte der Nacht hatte Phil etwas gefunden. Es bedeutete keine wirkliche Hoffnung, denn es war keineswegs erfolgversprechend.

In der Mitte des Hartholzfußbodens befand sich eine Luke, die in einem Metallrahmen eingefasst war. An einer Stelle hatte dieser Rahmen eine um Millimeter hochgebogene Ecke, die zwar fest aber nicht gerade scharfkantig war. Phil vermochte jedoch immerhin, sich mit dem Rücken so an die Metallecke zu manövrieren, dass er den Kabelbinder darunterschieben konnte. Seither war er damit beschäftigt, den Kunststoffstrang mit kurzen, ruckenden Bewegungen an dem Stahlblech zu reiben. Ohne Erfolg bislang.

Ich machte mir keine großen Hoffnungen mehr, dass Phils Aktion zu etwas führte. Inzwischen bereitete ich mich innerlich darauf vor, Toni Randall anzugreifen.

Wenn sie das nächste Mal auftauchte, würde ich es tun.

Ich musste es tun.

Denn es gab nichts anderes, das möglich gewesen wäre. Untätig konnten wir uns aber auf keinen Fall unserem Schicksal ergeben.

Ich wies die beiden Frauen an, in den hinteren Winkel des Raums zu kriechen. Ich selbst rutschte in die Nähe der Tür und probierte das bisschen an Bewegungsfähigkeit aus, das ich hatte.

»Phil«, sagte ich. »Wie sieht es aus?«

Er knirschte mit den Zähnen. »Keine Ahnung«, ächzte er. »Bei dem verdammten Kunststoff weiß man nicht, ob es nur noch ein Faden ist, oder ob man überhaupt nichts geschafft hat.«

»Okay«, erwiderte ich. »Ich versuche es trotzdem. Ich vermute, dass es unsere letzte Chance ist.«

Im diffusen Licht sah ich, dass die beiden Frauen eng aneinandergeschmiegt in der Ecke kauerten. Ihre Augen waren voller Angst auf mich gerichtet, während ich die Beweglichkeit meiner Kniegelenke und der Hüftgelenke immer wieder ausprobierte.

Unvermittelt waren Tonis Schritte an Deck zu hören. Wir wussten längst, dass sie allein an Bord war. Big Nick und die anderen waren die ganze Zeit in der Nähe; wenn nötig, konnten sie im Handumdrehen zur Stelle sein.

Ich vermutete, dass sie sich jetzt eher von uns fernhalten würden. Denn wenn sie mit dem Hausboot in Verbindung gebracht wurden, sah es schlecht für sie aus.

Für uns war wichtig, dass Toni ihr Handy nicht benutzen konnte. Dass sie ihre Waffe nicht benutzen konnte. Dass sie ihre Fäuste nicht benutzen konnte. Dass sie schlicht und einfach kampfunfähig war.

Wie ich das schaffen wollte, war mir allerdings ein Rätsel. Dass ich es trotzdem versuchte, beruhte letztlich auf der Tatsache, dass der Mensch von der Hoffnung lebt.

Die Schritte kamen näher. Toni stieg den Niedergang herunter und durchquerte den Raum vor dem unseren.

Ich spannte die Muskeln.

Die Tür schwang auf.

Tageslicht flutete herein, im nächsten Moment verdunkelt von Tonis Schatten, als sie über die Schwelle trat. Der Lichtkegel ihrer Taschenlampe übertraf das Tageslicht an Helligkeit.

Auf der rechten Seite liegend, sah ich, dass sie die Pistole wie üblich in der Rechten hielt – gesichert, den gestreckten Zeigefinger über dem Abzugsbügel liegend. Sie musste irgendwo gelernt haben, dass das zur eigenen Sicherheit erforderlich war. Vielleicht hatte sie es von Cops abgeguckt.

Prüfend blickte sie herein. Mit allem, was sie sah, schien sie zufrieden zu sein, denn sie begann sofort zu reden.

»Okay, Leute«, sagte sie, während sie die ersten beiden Schritte machte. »Die Stunde des Abschieds ist gekommen. Sieht so aus, dass es so kommt, wie wir erwartet haben. Unsere Regierung ...«

Schritt Nummer drei, Nummer vier.

»... handelt so, wie wir es erwarten. Tausende von Menschenleben am Ufer, im UN-Gebäude und drumherum sind wichtiger als alles andere. Deshalb werdet ihr draufgehen. Selbst wenn jemand wüsste, dass ihr hier an Bord seid, würde das ...«

Schritt Nummer fünf.

»... der Fall sein. Die vielen Menschenleben da draußen gehen nämlich vor. Das müsst ihr einsehen.« Sie lachte schallend. Es klang gekünstelt.

Gleichzeitig machte sie Schritt Nummer sechs, und ich ließ meine Beinmuskeln explodieren.

Ich streckte Oberschenkel und Unterschenkel gleichzeitig und krümmte mich in der Körpermitte. Beide Beine vollführten einen säbelnden, rasant schwingenden Hieb.

Sie wollte zur Seite springen, doch ihre Reaktion kam um einen Sekundenbruchteil zu spät.

Meine Schienbeine knallten vor die ihren.

Sie schrie auf. Wurde buchstäblich von den Füßen gerissen. Waffe und Taschenlampe flogen ihr weg, denn reflexartig öffnete sie die Hände um ihren Fall zu dämpfen. Mit dem Gesicht nach unten landete sie krachend auf dem Hartholzboden. Die Pistole und die Taschenlampe schlitterten auf die Frauen zu. Beide hoben geistesgegenwärtig die Beine, um wenigstens die Waffe darunter zu verbergen.

Ich beeilte mich, hinter Toni her zu robben. Ich fühlte mich dabei wie ein Seehund auf dem Trockenen.

Toni schien benommen zu sein, war offenbar nicht in der Lage, sich sofort wieder aufzurichten. Noch zwei Yard trennten mich von ihr. Wenn ich es schaffte, mich auf sie zu werfen, würde das Meiste schon gewonnen sein.

Noch ein Yard.

Plötzlich stieß sie einen Wutschrei aus. Hob den Kopf. Stemmte den Oberkörper hoch.

Verdammt, ich konnte es nicht schaffen.

Ich sah, wie sie die Beine anzog.

Verzweifelt mobilisierte ich meine letzten Kraftreserven. Doch sie war schon halb hoch.

Aus, dachte ich und schloss die Augen.

Im selben Moment hörte ich einen erneuten Schrei.

Als ich die Augen wieder öffnete, sah ich Phil, wie er sich auf die Frau warf. In fassungsloser Freude sah ich, dass seine Arme frei waren. Er brauchte einen schnellen Erfolg, denn seine Füße waren noch gefesselt.

Doch seine Handkanten wirbelten blitzschnell, zielgenau und betonhart. Toni kassierte mindestens zwei Treffer, bevor sie auf den Beinen war. Diesmal sank sie zu Boden und rührte sich nicht mehr.

Mit Freudengeheul machten wir uns an die Arbeit. Phil durchsuchte Tonis Taschen nach einem Messer und wurde fündig. Im Handumdrehen befreite er uns alle von den elenden Kabelbindern. Ich nahm die Pistole an mich. Die Taschenlampe würden wir nicht brauchen.

Wir schleiften die Bewusstlose hinaus und zogen sie an Deck. Linker Hand sahen wir die Skyline von Manhattan Midtown. Ein Stück voraus, war bereits der kastenförmige Wolkenkratzer des UN-Hauptquartiers zu erkennen.

Von rechts, von der Flussmitte, jagte ein weißer Kajütkreuzer heran.

Ich sah die Gestalten an Deck, Big Nicks unverkennbare Statur im Ruderstand.

Mündungsblitze zuckten auf. Kugeln schlugen in die Aufbauten des Hausboots.

»Springt!«, rief ich.

Phil half den beiden Frauen über die flache Reling, während ich Toni Randall ohrfeigte. Sie kam zu sich, blinzelte.

»Schwimmen!«, befahl ich.

Phil und ich packten sie und schleuderten sie ins Wasser. Ich spürte das Sengen einer Kugel. Dann sprangen auch wir. Die kühlen Fluten des East River schlugen über uns zusammen. Mit kräftigen Schwimmzügen erreichten wir Su-dae und Nancy und zogen sie mit uns. Toni konnte sich selbst helfen. Sie tauchte bereits, denn sie wusste, worauf es ankam.

Phil und ich halfen Su-dae und Nancy beim Abtauchen. Während der Kajütkreuzer mit unverminderter Fahrt heranjagte, holten wir aus unseren Armmuskeln und Beinmuskeln heraus, was sie hergaben. Über uns zischten Kugeln ins Wasser, aber wir gewannen Distanz von dem Hausboot.

Dann, irgendwann, ließ es sich nicht mehr ändern. Wir mussten zum Luftholen auftauchen.

Im selben Moment geschah es.

Von Bord des Kajütkreuzers wurde immer noch geschossen. Höchstens noch zwei Bootslängen war er vom Hausboot entfernt. Die Kugeln gingen weit an uns vorbei. Big Nick und seine Komplizen hatten uns für weniger schnell gehalten.

Im selben Moment geschah es.

Triebwerksdonner erfüllte plötzlich die Luft, und die schlanken Leiber zweier Kampfjets schnellten vom Himmel herab. Das Weitere lief minutiös und beinahe unspektakulär ab. Raketen stießen unter den Tragflächen hervor und rasten herab.

Rasch tauchten wir wieder ab.

Da die Explosionen über der Wasseroberfläche stattfanden, hörten wir sie nur als hellen Schmetterklang. So schnell wir konnten, schwammen wir weiter. Als wir schließlich erneut auftauchten, standen zwei Feuerbälle über dem Wasser – dort, wo eben noch das Hausboot und der Kajütkreuzer gewesen waren.

Erst beim zweiten Hinsehen bemerkten wir Toni Randall, die in unserer Mitte aufgetaucht war – als ob sie zu uns gehörte.

Die Flammen spiegelten sich in ihren schreckgeweiteten Augen wider, und sie machte keine Anstalten, sich noch einmal mit uns anzulegen.

Epilog

Nancy Giannelli musste Paddy's Pizzeria ein paar Jahre allein führen. Denn Ronan Dragg wurde zu zehn Jahren Gefängnis verurteilt, weil ihn für den Mord an Craig Edwards immerhin eine Mitschuld traf. Er hatte dem eigentlichen Täter, Big Nick, den Weg geebnet.

Wie Nancy uns errötend berichtete, hatten sie und ihr Chef sich im Besucherzimmer des Gefängnisses ihre Gefühle füreinander gestanden. Wenn er sich gut führte, konnte er nach fünf Jahren rauskommen – auf Bewährung.

Da Joel Boscolo und seine Mutter aber ebenfalls hinter Gittern saßen, und das vermutlich für längere Zeit, hatte der Boscolo-Mob endgültig aufgehört zu existieren. Es würde also keine Gefahr mehr bestehen, dass Ronan Dragg sich jemals noch für etwas anderes interessieren würde als für seine Ehefrau, die einmal seine leitende Angestellte gewesen war, und für seine Pizzeria.

Toni Randall wurde Kronzeugin Nummer eins. Alle anderen aus dem Boscolo-Mob sangen mit ihr um die Wette, sodass für Staatsanwälte und Richter keine Fragen offen blieben. Dass Big Nick unseren V-Mann Mr Jones alias Craig Edwards ermordet hatte, wurde dank Toni Randalls Aussage eindeutig bewiesen. Nur konnte er sich dafür vor den irdischen Richtern nicht mehr verantworten. Ebensowenig konnten die anderen, die mit ihm auf dem Kajütboot gewesen waren, für das zur Rechenschaft gezogen werden, was sie auf dem Kerbholz hatten.

Toni Randall kam mit einer Bewährungsstrafe davon, während der Rest der Mob-Mitglieder unterschiedlich hohe Gefängnisstrafen erhielt.

Wenige Tage nachdem die Harbor Police uns aus dem East River gefischt hatte, hatte Phil abends einen Tisch in einem italienischen Restaurant in Greenwich Village reservieren lassen. Er löste damit sein Versprechen ein, Candace Farnon zu zeigen, wie gut die Pizza war, die man in Manhattan bekam. Natürlich war das nur der Auftakt für viele weitere Pizza-Tests, die noch folgen sollten.

Weil Dr. Christine Wallrich und ich an diesem Abend zum erstenmal gleichzeitig frei hatten, schlossen wir uns Phil und Candace an. Es wurde ein ausgesprochen schöner Abend, entspannt und voller Heiterkeit. Auch die anschließende Nacht blieb uns in angenehmer Erinnerung …

ENDE

Die Mörder-Villa von Long Island

Don Onorato Ferrone legte seinem ältesten Sohn Luke, auf den er sehr stolz war, die Hand auf die Schulter. »Schnapp dir Cotton!«, sagte er. »Bring aus ihm heraus, wie weit das FBI mit seinen Ermittlungen gegen uns gediehen ist. Bring Cotton zum Reden – und dann mach ihn kalt!«

Luke Ferrone grinste wölfisch. »Wenn ich Cotton mit den Füßen in Salzsäure hänge, wird er reden, dann singt er wie ein Kanarienvogel!«

Und tatsächlich fiel ich dem Gangster Luke Ferrone in die Hände und baumelte bald über einer Wanne mit Säure. Ein grausiges Erlebnis – doch längst nicht so grausig wie das schreckliche Geheimnis der Mörder-Villa von Long Island, in der Luke Ferrone sein Unwesen trieb ...

ISBN 3-404-31541-3